Let's get Started!

Hummer流
英語勉強法

80万人の英語力を変えたプロ英語講師

濵崎潤之輔

@HUMMER_TOEIC

かんき出版

はじめに　専門家ではない僕が、英語のプロ講師になったわけ

僕は現在大学で英語講師を務めるかたわらで、TOEIC L&Rテスト対策の参考書・問題集をはじめとする英語学習書などの執筆を続けています。

今でこそプロとしてこのような仕事をしていますが、ここにたどりつくまでには、いくつものまわり道をしてきました。そのことについて少し、お話しします。

大学を卒業した後、僕は新卒で大手の証券会社に入社しました。

1年間は独り立ちするための研修期間。必要なスキルがまだない新人は、株の売買を任されることはなく「証券会社の営業職が過ごすべき1日」を体感する、というのを日々続けていました。

朝は5時〜5時半に起床し、いろいろな種類の新聞を読むことから1日がはじまります。毎日、7紙を読まなくてはならず、早朝からスタートしないと読みきれませんでした。

新聞を読み、同期たちとミーティング。その後は本社で顧客対応の補助を行いまし

た。それが終わると研修所に戻ってその日のレポートを作成。食事と入浴以外の時間は金融・証券に関する勉強をし、23〜0時くらいに就寝、という日々の繰り返しでした。そのような慌ただしい日々はあっという間に過ぎていきましたが、激務に心身ともに耐えることができず、1年で退社の道を選びます。

そんな中、たまたまアルバイト情報誌で見かけたのが、塾講師の仕事でした。給料もよく「家庭教師もやったことがあるし、なんとかなるかな」と、小学生から高校生までを対象にした小さな塾で働きはじめました。

大学時代にも家庭教師の経験はありましたが、教える仕事が自分に向いていると思ったことはありませんでした。にもかかわらず、**塾の集団指導という舞台での授業は本当に楽しく、それまで感じたことのなかった充足感を得ることができました**。

そんなあるとき、勤め先の小さな塾の隣に、当時神奈川県で3本の指に入るメジャーな塾がオープンしました。大きなガラス張りのビルに掲げられた大きな看板を見て「こんなに大きな塾でも、僕の授業は通用するのだろうか」という好奇心が頭をもたげ、気軽な気持ちで応募してみたんです。僕は合格し、その塾に入社することになりました。

　その塾では生徒たちに定期的にアンケートを取り、先生の人気・評判ランキングを発表していました。人気や評判が下のほうになると指導が入り、いたたまれなくて辞めていく先生も少なくありませんでした。やがて僕は、授業の準備を徹底的にしないと気がすまなくなり、塾に泊まることも日常茶飯事に。授業や生徒への対応に万全を期すために半年近く休みを取らずに仕事をしたこともありました。

　そうしていつの間にか、僕の授業アンケートのランキングはかなり高い位置になっていました。**評判のいい先生の授業を見学したり、指導法や知識を高めるための研究を徹底的に行ったりしてきた成果が、目に見えて現れたのです**。そして「これなら自分で塾をやれるんじゃないか」という思いを抱きはじめたのです。


　ほどなくして、後輩と一緒に塾を立ち上げました。

　1年目はほとんど生徒が集まらなかったので、昼間は個別指導塾でアルバイト講師として働き、夜は自分の塾で指導をしていました。数は少ないながらも、生徒たちが公立のトップ校や、有名私立高校に受かるようになり、塾の人気が上向きになっていきました。この時点でようやく人を雇う余裕が出てきたのです。

TOEICとの出合い

TOEICと出合ったのは、そんなときのことでした。アルバイトの大学生に、「塾長、これからはTOEICをやっておかないとまずいですよ」と言われたのです。当時の僕は、TOEICどころか英検（実用英語技能検定）だって一度も受けたことがありません。しかしそう言われたら、チャレンジしないという道はありませんでした。

あまりにひどいスコアを取ってしまうと、塾長という立場上、非常にまずいことになります。そこで、近所で噂になっても恥ずかしくないスコアとして700点以上を目標にしました。500点、600点ではその学生に負けたことになります。でも、700点なら、とりあえずは塾長としての面目は保たれるのではと思ったのです。

はりきって近所の書店に行き、TOEIC対策の参考書を購入しました。

読みはじめてみて、驚きました。**何が書いてあるのか、設問はおろか解説ですら全**

然わからないのです。すべてが非常に難しく、リスニングセクションの中では比較的かんたんだと聞いていたPart 1の英文も、何を言っているのかさっぱりわかりませんでした。

リスニングの音声には「そんなにどんどん進まないでください、全然ついていけないので」という感想しかありませんでした。**まったく歯が立たなかったのです**。

焦った僕は、仕事のある日も休日も勉強をしました。

大学受験で全滅し、1年浪人してがむしゃらに勉強を続けた、その頃の自分に負けないレベルの勢いで、休みの日は1日8時間〜10時間は勉強しました。そして3カ月間猛勉強を続けた結果、初受験で790点というスコアを取ることができたのです。

当時は、杉村太郎さんが書かれた『TOEIC®テスト900点 TOEFL®テスト250点への王道』(ダイヤモンド社)という本が売れていて「TOEICで900点を取れる人はすごい」と、誰もが考える時代でした。

僕の790点というスコアは、900点まであと少し。それなら、と、引き続き

ＴＯＥＩＣにチャレンジすることを決めました。

その後の勉強の甲斐あってか、初受験から半年後、２回目のスコアを８６０点まで伸ばせました。ここでも「９００点までリーチだ、次は必ず取れる」と信じて勉強を続けていきました。

ですが、**そこから後の道のりは、非常に厳しいものとなったのです。**

伸び悩みを通して見つけ出した勉強法

その後は、８４５点、８５５点という結果が続きました。

勉強量や勉強時間はそれまでとほとんど変わらないはずなのに、スコアの上昇がピタリと止まってしまったのです。

これが独学の限界なのかもしれない、と僕は大いに落胆したものです。

インターネットで調べても、ＴＯＥＩＣ関連の情報はほとんどない時代でしたが、唯一、ＴＯＥＩＣ対策のエキスパートであるヒロ前田先生のメルマガを運よく購読していて、先生の「ダッシュフォーラム」という無料のセミナーに参加できました。

セミナーを２時間ほど受け、その後の懇親会で、ここぞとばかりに前田先生に質問し、勉強への疑問に答えていただいたのです。

当時の僕は、勉強に対してかなりの時間を割いていたつもりでした。

しかし、その内容といえば、**参考書や問題集を買って、問題を解いて、間違えた問題だけを復習して終了。そうやって1冊を一通りこなしたら、また次の本を買って同じことを行う**、というものでした。

とにかくめぼしい本は片っぱしから読むと決め、TOEIC対策の本を、Amazonランキング上位のものから順番に解いていきましたが、何度受験しても、860点前後でスコアは頭打ち。自分ではかなり勉強しているつもりでしたし、持っている参考書や問題集も非常に多かったので、何が原因か、前田先生にアドバイスを求めました。

すると「だからダメなんです」と厳しく指摘されてしまいました。

「自分の身になっていない部分があるはずなのに、その復習を完璧に行えていない。にもかかわらず、新しい本を買って次に進んでいるところがいけない。1冊の本を完璧にマスターし、その本に関しては〝著者以上にすべてを知り尽くした〟と言えるぐ

らいになるまで勉強してみてください」

これが前田先生からいただいたアドバイスでした。

セミナー後の半年間は、前田先生の教えに従い、本番さながらの模試が3セット入っている本を、何回も何回も繰り返し解き、解説を読み、辞書を使ってわからないことを調べる、ということを繰り返しました。**とにかく1冊の本をやり尽くしたのです。**

すると驚くことに、次のスコアがいきなり970点になりました。

目標だった900点を軽く超え、満点に近いスコアを取ることができたのです。

「そうか、僕は努力の方向を間違えていたんだ。勉強には正しいやり方があるんだ」

こうしてやっと「本当の英語勉強法」にたどりつくことができた僕は、縁あってTOEIC対策書の編集者としての道を歩むことが決まり、公私とも、生活のすべてがTOEIC一色の日々を送ることになります。

そしてついに、目標だった990点満点を取ることができたのです。

はじめての満点から10年以上たった今でもチャレンジを続け、累計で83回（2023年2月現在）と満点取得の記録を伸ばし続けています。

英語の専門家ではなかった僕が、たまたま出合ったTOEICを通して「英語を学ぶこと」の大変さと奥深さに触れたこと。がむしゃらに勉強し、伸び悩みの時期を乗り越えて、やっと「本当の英語勉強法」にたどりつけたこと。そのすべてが、今の僕を形作っています。

この本では、当時の僕と同じように、**英語力を伸ばしたいけれど、何をしたらいいかわからない人に向けて、僕が実践してきた方法をお伝えしていきます。**

環境も才能も、必要ありません。あなたの「やってみたい」を全力で応援します。
これからチャレンジする人、伸び悩んでいる人、頂上をめざしたい人など、目標に違いはあれど、みなさんに役立つ勉強の本質を本書に散りばめたので、取り入れやすいところから、ぜひ実践してみてください。

音声ダウンロードの手順

本書に登場する英文（例文の冒頭に 音声-00 とついているもの）には、音声ファイルがあります。パソコンやスマートフォンから以下のページにアクセスし、音声ファイルをダウンロードしてお使いください。

パソコンから

https://kanki-pub.co.jp/pages/jhstudydl/

スマートフォンから

※音声の読み上げスピードは、少し速め、普通、少し遅めの3つがあるので、お好みのものをお選びください。

音声ダウンロードについてのお問い合わせ先
https://kanki-pub.co.jp/pages/infodl

PART 1 勉強をはじめる前に知っておきたいこと

計画

▼ツール

PART 2 英単語・熟語の勉強法

PART 3

文法の勉強法

PART 4

読解の勉強法

PART 5 リスニングの勉強法

PART 6 英会話の勉強法

PART 7

試験をベストな状態でむかえるために

カバーデザイン　喜來詩織（エントツ）
本文デザイン　二ノ宮匡（ニクスインク）
DTP　茂呂田剛、畑山栄美子（エムアンドケイ）
音声収録　ELEC
ナレーション　ジェニファー・オカノ

PART

1

勉強をはじめる前に知っておきたいこと

▼計画 英語学習の優先順位を上げる

日々やりたいことがある中で、結局実行できていることは、自分にとって優先順位が高いものだけではありませんか。

僕の場合は優先順位のBEST 3しか実行できていないと感じます。

僕の優先順位は、まずはTOEIC L&Rテスト・英語関連のこと。これは仕事でもあるので、当然です。次が、ジムに行ってトレーニングをすること。そして3つ目は愛犬と一緒に遊ぶこと。これらが、僕が日々行いたいことのBEST 3です。

この3つは「毎日必ずやる」と決めているので、ほぼ確実に実行しますし、「今日は面倒だから（やらなくても）いいや」と思うことがまずありません。

一方で、優先順位のＢＥＳＴ３に入らないことは、結局やらないで終わることが多いです。

Netflixで海外の映画などを観ることもありますが、優先順位としては4〜5番手、もしくはそれ以下なので、本当に時間があるときにしか観ません（もちろん観るときは心の底から楽しんでいますが）。

まずは**現状の自分の優先順位を把握したうえで、他に「優先度を上げて毎日取り組みたいことがいくつあるのか」を洗い出し、そこに英語学習を組み込まないといけません。**

「優先順位ＢＥＳＴ３」から英語学習がはみ出てしまう場合には、英語より優先順位が高いものを、自分が英語学習でめざす「結果」が出るまで削ることも必要です。

どんなに勉強を頑張ろうと思っていても、「毎日ジムに行きたいし、カフェにも行きたいし、飲み会のほうが優先だし……」となると、どうしても勉強ができる時間は減ってしまいます。

当たり前ですよね。結果、上達することなく挫折することは目に見えています。

「勉強貯金」で挫折しないサイクルをつくる

無理な計画を立てないことは、勉強を継続するうえで非常に大切です。

いきなり「毎日１０００個の単語を覚える」とか「毎日１０００問の問題を解く」といった、ほとんど実現不可能なハードルを設けることだけはしないでください。

まず間違いなく挫折します。

最初のノルマは小さく、そして確実にこなせるレベルのものにしましょう。

たとえば「英検の過去問を毎日５問解く」というような、**何があっても確実に達成できるレベルの目標を立てます。**そして、その日のノルマを終えてもまだ余力があれば、**翌日のノルマ分の問題も前倒しで解きます。**

僕はこれを「勉強貯金」とよんでいます。

1日に5問を目標にしたとき

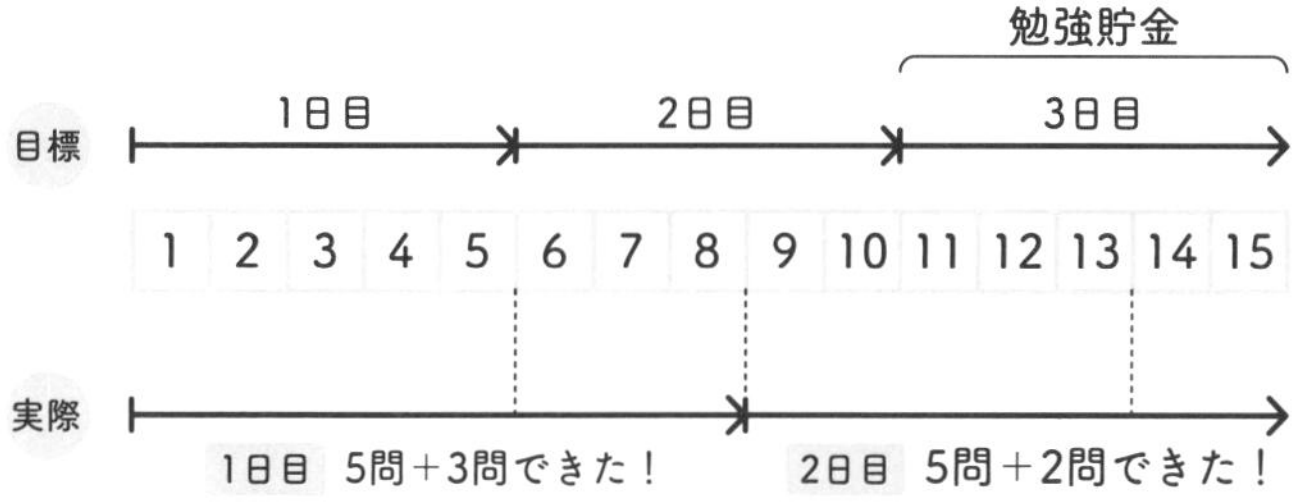

翌日の目標分も前倒しで解く ➡ **勉強貯金**ができる

「勉強貯金」があれば、「もし明日勉強する時間が取れなくても、明後日から再開すれば大丈夫、明日の分はもう終えているんだから」という、心の余裕を作ることができ、それが勉強の継続へとつながります。

自分を安心させ、常に「自分は毎日しっかりと勉強できているぞ」という自信を持って過ごせるようにしてください。

これを続けていくと、3日後、1週間後の分まで勉強貯金が貯まるようになります。結果として、**毎日の勉強量が少しずつ多くなっていき、さらに精神的な余裕も手に入れることができるのです。**

僕は今でも、だいたい1週間～2週間先の分までのノルマを「勉強貯金」として貯めるようにしています。ノルマの管理にはエクセルを利用しているのですが、月のはじめにはすでに10日～15日頃までのノルマの部分まで「達成」の色が塗られている状態になっています。

1日あたりの適正な勉強量は人によって異なりますが、毎日学習を続けていくことによって、自分に適したペースが必ずつかめるはずです。

目標はどうやって決める？

入試でもTOEICでも英検でも、チャレンジしたい試験が決まっている人は、まず過去問を購入し、どのような問題が出るのか把握することから目標の設定をスタートします。

ちなみに、日本ではTOEIC L&Rテストの過去問は販売されていないので、はじめて受験する人は試験の全体像を把握するために、最新の『公式TOEIC® Listening & Reading 問題集』（国際ビジネスコミュニケーション協会）を購入してください。公式問題集の問題を解いて現在の実力を認識し、それに対応した勉強をはじめましょう。

すでに英語関連の資格試験の受験経験がある人は、自分の現在の英語力が、他の英語の資格試験に置き換えるとどのあたりなのかを、26ページのような表を参考にして

各試験団体のデータによるCEFRとの対照表 2015/09/29版

CEFR	Cambridge English	英検	GTEC CBT	GTEC for STUDENTS	IELTS	TEAP	TOEFL iBT	TOEFL Junior Comprehensive	TOEIC / TOEIC S&W
C2	CPE (200+)				8.5-9.0				
C1	CAE (180-199)	1級 (2810-3400)	1400		7.0-8.0	400	95-120		1305-1390 L&R 945~ S&W 360~
B2	FCE (160-179)	準1級 (2596-3200)	1250-1399	980 L&R&W 810	5.5-6.5	334-399	72-94	341-352	1095-1300 L&R 785~ S&W 310~
B1	PET (140-159)	2級 (1780-2250)	1000-1249	815-979 L&R&W 675-809	4.0-5.0	226-333	42-71	322-340	790-1090 L&R 550~ S&W 240~
A2	KET (120-139)	準2級 (1635-2100)	700-999	565-814 L&R&W 485-674	3.0	186-225		300-321	385-785 L&R 225~ S&W 160~
A1		3級-5級 (790-1875)	-699	-564 L&R&W -484	2.0				200-380 L&R 120~ S&W 80~

文部科学省 HPより

把握してみるのもよいでしょう。

たとえばＴＯＥＩＣ Ｌ&Ｒテストの受験経験がなくても、英検など他の英語関連の資格を持っている場合には、だいたいの換算スコアを知ることができます。

ＴＯＥＩＣ Ｌ&Ｒテストが５００点レベルの人であれば６００点以上をめざす人を対象とした教材を購入するなど、自分のレベルに合った「総合対策」をすることができる参考書を１冊購入して勉強をはじめましょう。

自分の現状の英語力のレベルを把握したうえで、達成可能だと思える目標を設定してください。

英語学習、何からはじめればいい？

僕は大学に入る前に1年間の浪人生活を送りました。

忘れもしない、高校3年生の秋に行われた進路面談。そこで模試の結果を見た担任の先生に「え、君は本当に大学に行くつもりなの？」と言われたのです。

たしかに、まったく受験勉強をしてこないまま、入試まで残り3、4カ月という時期。その状態から現役で大学に合格するのは非現実的でした。そのため1年間の浪人生活に入る覚悟を決め、高校3年生の秋から受験勉強を開始したのです。

遅すぎる受験勉強のスタートを切った僕は、高校入学以降勉強をまったくと言っていいほどやってこなかったせいで、「勉強のやり方」がわかりませんでした。

そこで僕の取った行動は、まず書店に走り、「大学合格作戦」という、勉強法の本を購入することでした。大学受験に見事成功した人たちの具体的な勉強法を学び、自分でも真似をしてみることにしたのです。

その本によると、成功者たちが共通して行っていたのは、まず**単語を覚えることと、文法を基礎から理解すること**でした。さっそく、受験に必要な英単語を2000語ほど覚え、英文法の本を1冊完全に理解するところから勉強をはじめました。

当たり前に思えるかもしれませんが、この基礎固めが、英語力アップのための一番の近道だったのです。単語と文法を学んで基礎力を培ったうえで、英文解釈や構文を学ぶ本を使った、本格的な受験勉強へと進みます。

翌年、偏差値を30以上上げて無事に第一志望の大学に合格することができましたが、最初に単語と文法の基礎を固めていなかったら、もっともっと苦戦したかもしれません。英語の学習に近道はないのだと、身をもって味わった1年でした。

ここでは僕の大学受験時のことを例としてお話をしましたが、高校受験、大学受験、

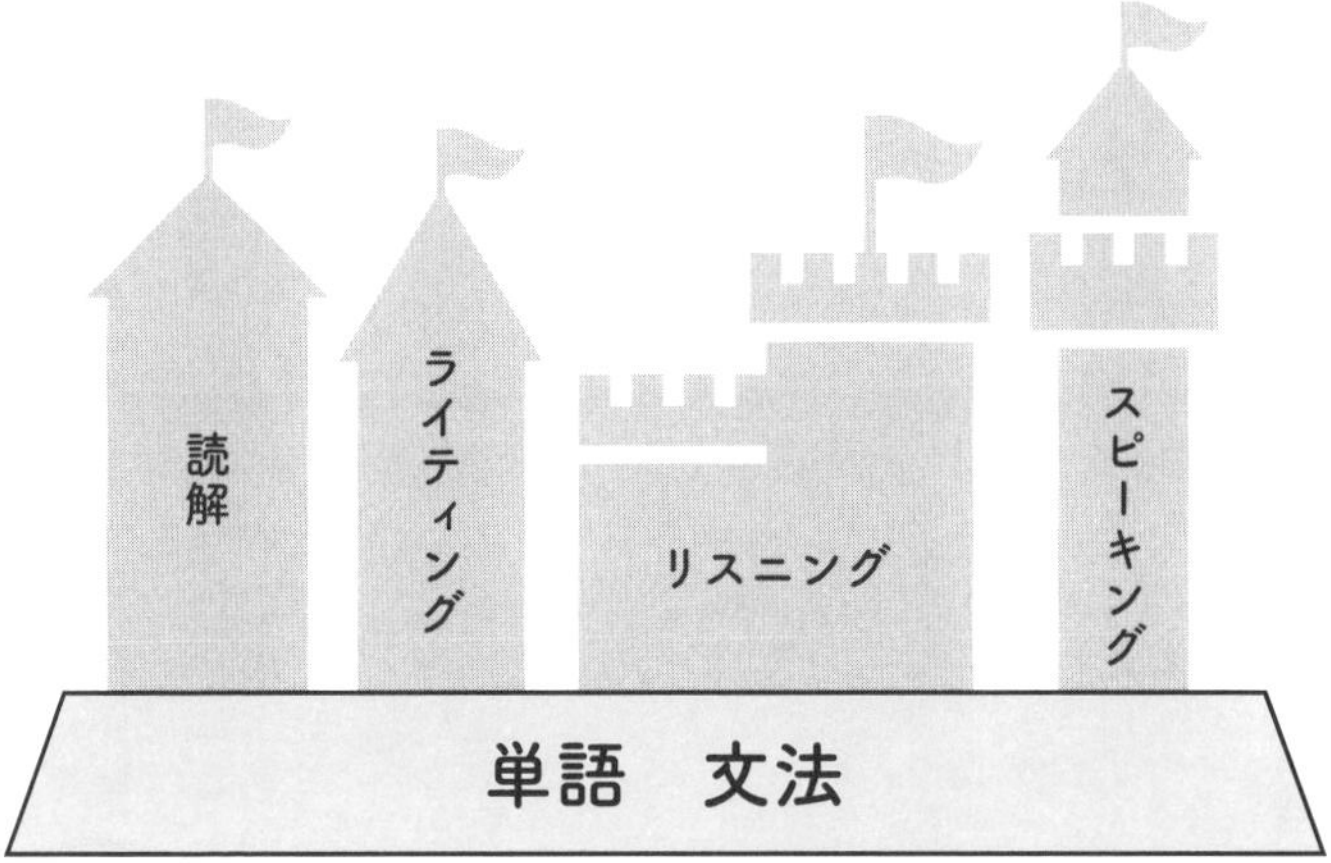

TOEIC L&Rテストや英検などの資格試験の受験でも学習の手順は同じです。

どんな目標であろうと、まずは単語と文法を勉強するところからはじめてみてください。基礎を徹底的に固めることによって、その上に積み上げていく応用的なことを理解する力が、しっかりとしたものになるのです。

試験本番前の「抜け」は単語と文法にある

勉強をスタートさせる話の後は、仕上げをするときの話もお伝えしておきます。

高校受験や大学受験をめざして勉強をしている人も、ＴＯＥＩＣ Ｌ＆Ｒテストや英検などの資格の取得をめざして勉強をしている人も、「受験」をする日、つまり「本番の日」というものが必ずやってきます。

試験本番が近づいてきた段階で、模試を受けたり過去問を解いたりして「もう何も間違えようがないレベルまで仕上がっています」という人はそう多くありません。だいたいの人は、何かしらの「抜け」があるはずです。

そしてその**「抜け」の正体は、単語と文法である場合がほとんどなのです。**

僕もTOEIC L&Rテストで990点満点を取る直前の時期は、何回試験を受けても985点、あと1問正解できれば満点を取れたのに、ということを繰り返し経験していました。

そこで（今となってはものすごく有名な先生になった、当時満点をすでに取得していた）知り合いの先生に、「何度挑んでも985点までしか取れません。僕には何が足りないのでしょうか」という相談をしたのです。

その方のアドバイスは、「その状況だと必ず語彙や文法に穴がありますよ」というものでした。そこで僕が取った行動は、大学受験対策用の有名な文法の本を2冊、それらを徹底的に勉強してマスターする、ということでした。

それが、下にある本です。

このような経験から、僕があなたに伝えたいことがあります。

もしあなたが**高校受験をめざしているのであれば、最後の仕上げとして中学範囲の単語と文法を一通りおさらいすることをおすすめします。**

大学受験をめざしているのであれば、高校で学ぶ範囲の単語と文法を一通りおさら

おすすめの１冊
◎山口俊治 英文法講義の実況中継①
山口俊治：語学春秋社

おすすめの１冊
◎山口俊治 英文法講義の実況中継②
山口俊治：語学春秋社

いするということを、ぜひやってみてください。

そして、「自分は英語ができる」と思っている人、「自分に自信がある人」であっても、決して油断しないこと、慢心しないことが肝要です。油断しないために、慢心しないためにも、自分の実力に自信がある人は定期的に基礎を総ざらいチェックするということをやってみてください。

僕と同じように、どこかに穴、つまり弱点が見つかるかもしれませんし、仮に穴が無かったことが確認できたのであれば、それは大きな自信にもなるのですから、ぜひ取り組んでみてください。

スクールに通うという選択肢

「今日から勉強を頑張ろう」と思い立ち、やる気を一時的に出せても、多くの人はその状態を維持することができません。

自分だけで「やる気」を継続することが難しい人は、英語学校、英会話スクールなどに頼ることも、非常にすばらしい方法です。

スクールに行くことのメリットとして、「指導力の高い先生に、効率的に要領よく勉強を教えてもらえる」ということを第一に挙げる人も多いかもしれません。

ですが、僕はそう考えてはいません。

一番のメリットは、**ある程度の金額を支払って入学・入会したのだから「行かないとお金が無駄になる。だから毎回授業に必ず行かなければ」といった考え方になる、**

という部分です。

そして当然ながら、スクールに行く、授業に参加するということは、必ず、その時間は勉強をすることになります。

たとえば「毎週水曜日と土曜日に英語学校に行くことにしました」となれば、週2回、2時間は確実に英語の勉強をすることになります。

不安定な「気持ち」や「やる気」に頼らず、勉強せざるを得ない環境に身を置ける、ということに価値があるのです。

スクールに通うことのデメリットは、費用がそれなりにかかることと、予定をスクールに合わせなくてはならないということくらいです。

自分を律して勉強することが苦手で、一人だと勉強を続けることが難しいという人は、スクールに通うことも考えてみてください。オンラインで受講できるスクール・講座もたくさんあるので、チャレンジしやすいはずです。

▼ツール 挫折しない参考書の選び方

勉強の流れはイメージできたけれど、じゃあ何を使って勉強すればいいの？ という人のために、勉強の相棒となる参考書の選び方についてお伝えしていきます。

参考書を選ぶときのポイントは、まず**本の分量・厚さ、総ページ数を確認することです**。

まだ勉強の習慣が身についていないときは、**あまり厚すぎない参考書・問題集を選ぶようにするのが、勉強を継続できるようになるコツです**。

そして、自分がめざすもの、たとえば高校入試、大学入試、ＴＯＥＩＣ Ｌ&Ｒテスト、英検など、**さまざまな試験の出題範囲をすべて網羅しているものを選ぶようにしてください**。

まとめると、必要な範囲を網羅しつつ、全体としてはあまりボリュームがありすぎない参考書を選ぶということです。

また、英語の試験には、多くの場合リスニング問題も出題されます。

リスニング対策の参考書や問題集には、当然のことながら、英文を読み上げている音声が、CDやダウンロード形式、アプリなどの形で提供されているはずです。

リスニングの勉強ではなく、**単語や文法、読解の勉強をする際にも、掲載されている単語や英文の音声が付属しているものを選ぶようにしてください**。

混雑した電車の中のように、読んだり書いたりすることができない環境でも、音声だけで勉強することができますし、発音のわからない単語や語句の音声を耳から理解することが可能になるからです。

たった1冊でも「完璧」にやりこなす

参考書にしても問題集にしても、次から次へと新しい本に手を出すのではなく、1冊の本をとことん究めるほうが、より効果があります。

これは、リスニングの勉強法として非常に効果のある「100パーセントシャドーイング」という方法（169ページでご紹介します）に通じるものがあります。

自分がうまくできていない部分には「できない理由」があり、そこがその人の克服すべき弱点です。**本当の意味での弱点は、1回や2回、同じ本を復習した程度では100パーセント克服できた状態にはなり得ません**。

そのままの状態で他の問題集や参考書に手を出したとしても、結局同じような問題、似たような問題を何度も間違えてしまうことになるのです。

また、TOEIC L&Rテストのような選択式の試験の場合は、たとえ正解した問題でも、**「完璧に理解したうえで正解できているもの」と「たまたま正解することができただけのもの」の2種類が存在します。**

間違えた問題を復習するだけでは、本当の得点力はついていかないのです。

だから、間違えた問題はもちろん、正当に正解できた問題も含めて、

「この本の内容は100パーセント完璧に理解している」

「この模試なら何回解いても必ず満点を取ることができる」

「なぜその選択肢が正解なのか、または不正解なのかを、即座に明確に説明することができる」

という状態にするのが、正しい問題集や参考書の使い方なのです。

穴埋め問題や選択問題でも実力は伸びる

問題集の中には、穴埋め問題や選択問題をひたすら解答するようなタイプのものも少なくありません。

「このようなタイプの問題集の問題を解き続けるだけで、英語の実力は伸びるのでしょうか」という質問をよく受けますが、答えはもちろん「YES」です。

英検やTOEIC L&Rテストをはじめとする多くの英語の試験の出題形式は、穴埋め問題・選択問題を採用しています。**穴埋め問題や選択問題をガンガン解くことができ、それなりに高い正答率を出せる人は、すでに相応の実力がある人の場合がほとんどです。**

たとえば、英検3級の過去問はライティングの問題以外、すべてが選択問題となっています。

それをどんどん解き進めることができ、なおかつ合格ラインの正解数を超えることができる人は、英検3級の実力、つまり中学3年生修了レベルの英語がしっかりと身についている人だといえます。

逆に英検3級の過去問で苦戦してしまう人は、穴埋め問題・選択問題を解くのではなく、**そのレベルの穴埋め問題・選択問題を解答できるようになるための基本的な知識を身につける勉強をするべきです**。

この場合は、問題集ではなく、単語を覚え、文法を理解するということを「参考書」を使って進めていってください。

「少しだけ背伸びをすれば届く」教材を選ぶ

勉強をはじめたばかりの頃、とくに単語をあまり知らない状態だと、1文の中にいくつもわからない単語や語句があったり、文法もあまり理解できていなかったりして、英文の意味がさっぱりわからない、ということは珍しくありません。

初級～中級レベルの人は、収録されている単語の少なくとも6～7割は意味がわかる教材を選ぶことをおすすめします。少しだけ背伸びをすれば届くレベルの教材で練習を繰り返す、というやり方は、英語力が非常に伸びます。

ですから、いきなり英字新聞などを選んで四苦八苦しながら勉強するのではなく、中学～高校レベルの参考書や問題集などを使って、無理なく英語の勉強をはじめるようにしてみてください。

好きなジャンルを入り口にするという手もある

映画や音楽、旅行など、自分が好きなジャンルの本やテキスト、またはオンライン上の音声や映像のコンテンツを使って勉強するという方法もあります。

たとえば、僕はプロレスが大好きなので『NJPW WORLD Official』というYouTubeチャンネルをほぼ毎日チェックしており、外国人選手のインタビューや海外向けの英語実況をそこで聞いたりしていますし、好きな外国人プロレスラーのTwitterアカウントやインスタグラムなどもこまめにチェックして見るようにしています。

YouTubeでは、日本で行われている試合を、英語字幕をつけて見ることもしばしばあります。

自分の好きなこと・趣味のために英文の内容を調べたり、単語や語句を覚えたりすることは、そこまで苦にならないはずです。好きなことや趣味に触れる時間に比例して英語に触れる時間も増えていくので、これは英語力アップに大いに貢献します。

他にも映画や音楽、ファッション、科学や歴史関連など、教材になりそうなコンテンツが、世の中には潤沢にあります。

そうしたコンテンツに触れていて、英文の意味がどうしても理解できないというときは、ネット上の翻訳サービスを利用するのも一つの手でしょう。

『Google 翻訳』や『DeepL 翻訳』などは無料で誰でも使うことができます。

翻訳サイトは、以前は翻訳された日本語に不自然なところが出てしまうこともありましたが、最近の翻訳サイトは精度の高い翻訳をしてくれます。

英文の音声を聞きたいのなら、Smart Link 社のテキスト自動読み上げサービス『TTSReader』がおすすめです。男性の声・女性の声の切り替えだけでなく読み上げスピードの調整などもでき、音声もネイティブの自然な話し方に非常に近いです。

このように、**自分が好きなジャンルのものを活用して英語の勉強につなげる工夫をするだけでも、モチベーションを保ちながら英語力を向上させられます。**

ただし、たとえば「年内にＴＯＥＩＣ Ｌ＆Ｒテストで７００点を取らなければならない」などと、目標を達成するために費やせる時間が決まっている人や、短期間でより効率的に実力をつけたい人は、英検やＴＯＥＩＣ Ｌ＆Ｒテストの教材などを使って、自分のレベルを随時チェックしながら学習を進めてください。

試験の勉強をあまりおもしろいと思えない場合には、先に好きなコンテンツで勉強をして気分を上げた後で、それらに取り組むようにするのもおすすめです。

おすすめの１冊

◎新日本プロレス英語入門

新日本プロレス（監修）、クリス・チャールトン（監修）、濵﨑潤之輔（監修）、小池水須香（翻訳）：アルク

プライドを捨てて、中学英語から学び直す

英語に自信がない人、基礎からやり直さないと不安がある人は、ぜひプライドを捨てて中学英語からやり直すことを強くおすすめします。

中学英語の次のステップ、高校英語は当然難しいものになりますが、それは**語彙のレベルが高くなることに加えて、構文が複雑化しているからです。**

1つの文が長くなるにつれ、どこが主語で、どこが述語動詞かがわかりにくくなりますし、倒置（語順を変えること）や省略などが含まれる英文も登場します。その結果、英文の意味がつかみにくくなる、理解できない、ということになってしまうのです。

しかし、実は高校で扱われる文法の項目数は非常に少ないのです。

中学までに学ぶ文法事項の数のほうが圧倒的に多く、高校で学ぶ英文法はその応用に過ぎません。

だからこそ、中学英語レベルの文法はすべてマスターしておかないと、ちょっと複雑な文章が出てくるだけで、どうにもならなくなってしまうことが多いのです。

「マスターしていない文法」は、あなたにとってのミッシングピースのようなもの。そこをきちんと埋めない限り、より高いレベルに到達することは難しくなってしまうでしょう。

文法を100パーセントマスターできるよう、**中学英語からやり直すことは、一見遠まわりに見えるかもしれませんが、結局は近道なのです。**

複雑な構文を読み解くヒントは、単語に関する知識の量です。

とくに単語の中でも重要なカギを握っているのが動詞です。

英文の中の動詞がどれなのかがわからないと、当然、主語と述語の関係が見えず、倒置でも使われた日には、ますます英文全体の構造が理解できなくなります。

また、単語の意味を「知っている」レベルも重要です。その単語に関連する慣用表現やコロケーション（ある単語と単語のよく使われる組み合わせ、自然な語のつながりのこと）まで知っていてはじめて、「単語の使い方」まで知っていると胸を張って言えることになります。

たとえばtakeを単に「～を取る」という意味の動詞であることだけを知っていたとしても、それだけでは使いものにならない場合が多い、ということです。とくに高校英語では、慣用表現やコロケーションまでをきちんと覚えるべき単語がたくさん登場します。

ある程度英語の勉強が進んできた段階にいる人が効率よく単語を覚えていくには、やはり文章の中で覚えていくようにすることも大切です。初級レベルの人が単語を覚えるときは、英語と日本語を1対1で対応させて覚えるというやり方で構いません。

たとえばaddressを「～に対して演説をする」と覚えていたのに、address the issueという表現に出合ってしまい、意味を理解できず途方に暮れるようなことがしばしばあります。

そのときはじめて、addressには「～に対処する」という意味があることを知り、1つの単語に対して2つの意味を覚えた状態になれるのです。addressは「相手に対して言葉や注意を向ける」というイメージを持つ単語です。そこから「～に対して演説する」「～に話しかける」「(問題など)に対処する」や「宛先」といった意味が生じていると考えてください。

また、この単語はad-からはじまっています。これは「接頭辞《せっとうじ》」とよばれるもので、ad-には「～のほうへ・ほうを」という意味があります。たしかにaddressは「～のほうへ・ほうを」という意味を含んでいますよね。

このような観点から単語を学ぶ方法もあります。興味のある方は『英単語の語源図鑑』(かんき出版)を手に取ってみてください。

おすすめの1冊

◎英単語の語源図鑑

清水健二・すずきひろし（著）、本間昭文（イラスト）：かんき出版

中学英語の復習には英検3級のテキストを使う

中学英語がどれだけ身についているかを確認するには、英検3級のテキストを総ざらいするのがよいです。

英検3級のレベルは中学3年生修了レベル、4級は中学2年生修了レベル、5級は中学1年生修了レベルです。

英検3級レベルの問題を難しく感じ、中学3年生修了レベルの英語を100パーセントマスターできていないと思うのなら、中学1年生～2年生レベルの文法を復習することから勉強をはじめましょう。

学生時代に英語の勉強を頑張っていた人ほど、自分の英語レベルが中学生と同じだとは認めづらいかもしれませんが、さらっと一通り中学英語の勉強をやってみると、かつての勘が戻ってくるものです。

少し話は変わりますが、僕は小学生〜中学生の頃、ピアノを習っていました。最近、またピアノを弾いてみたくなり、結構いい値段のキーボードを買ってトライしてみたのですが、まったく弾けなくなっている自分に愕然《がくぜん》としてしまいました。ところが、かんたんな曲から練習をやり直したり、片手ずつ順番に手を動かすトレーニングをやってみたりした結果、なんとか以前のように弾けるようになりました。勘が戻ったのです。

もし最初から「今も弾けるはずだ」と思って、難しい曲ばかりに挑んでいたら、気持ちよく曲を弾くことができないまま興味が失せていたかもしれません。

もし、英検3級のテキストがおもしろくない、ちょっと自分には合わないなと感じるのなら、大人向けの中学英語のテキストもたくさん出版されています。手軽に手に取れるように、「○時間で中学英語の総復習」というような、短期間で効率よく学べるものもあります。そうしたテキストをうまく使って**「中学英語」という土台をみっちりと踏み固めてみてください。**

ビジネス英語の本もエンターテインメント系の本も、本格的なコンテンツとなると、中学英語だけでは十分に楽しむことは難しいかもしれません。ちょっと変わったチョイスになるかもしれませんが、歴代の米国大統領の演説が収録されているテキストもおすすめです。

大統領のスピーチでは（選挙に勝つために）戦略的に平易な英語を使っていることが多く、11歳くらいの子どもでも十分に理解できるレベルになっていると言われています。気分転換として、このような副教材を使って勉強してみるのもおもしろいのではないでしょうか。

学生の場合は、中学生も高校生も、1つの学年で学ぶべき文法の範囲が決まっていますし、勉強時間も社会人と比較すると十分に取ることができます。一方、社会人になれば勉強のために使える時間が限られている一方で、やらなくてはならない範囲というものが決まっていません。

節目節目に、**英検の問題集などでスキルチェックを実施するようにして、焦らずじっくりと、自分に合ったレベル・ペースで勉強を進めていきましょう。**

おすすめの1冊

◎英検®3級が1冊でしっかりわかる本
濱崎潤之輔（監修）：かんき出版

リスニング力をアップさせるには

僕はリスニングの力を伸ばすために、ＣＮＮのニュース音声つきの本を使っていました。現在は『ＣＮＮニュース・リスニング』（朝日出版社）というタイトルで販売されているものです。

ＣＮＮのニュースを苦もなくシャドーイング（１６５ページで解説します）できるようになったら、ＴＯＥＩＣ Ｌ＆Ｒテストのリスニングが楽になるのではと思い、本に記載されている英文と日本文、そして付属の約30秒のニュース音声を使ったシャドーイングを毎日行っていました。

おすすめの１冊

◎ CNN ENGLISH EXPRESS：朝日出版社

ライティング力をアップさせるには

英語を話したり書いたりすることを「アウトプット」（外に出すこと）と言います。アウトプットできるようになるためには、まずは自分の中に話したいこと、書きたいことが入っていなくてはなりません。

それらを「インプット」（中に入れること）するために行うのが「聞く」ことと「読む」ことです。

「聞く・読む」練習をして自分の中にストックを作り、それを「話す・書く」練習で実際に使用してみる、という手順で勉強を進めていくのが効率的です。

スピーキングができる（英語を話せる）ようになりたいという人は多いですが、ライティングに関しては、勉強する必要がある人はあまり多くないというのが現実です

（もちろん仕事で英文メールを書く必要がある人は一定数います）。

英検やＴＯＥＩＣ Ｓ＆Ｗテストを受験するなら、ライティング力をアップさせるための勉強をする必要があります。

拙著『改訂版 中学校3年間の英語が1冊でしっかりわかる本』（かんき出版）では、「まとめページ」のところに英作文の問題を掲載しているので、ライティングに取り組む必要のある方は、まずはそれを利用して基礎力をアップさせていくとよいでしょう。さらに上をめざす人は、以下の書籍を使って勉強することをおすすめします。

おすすめの１冊

左◎大学入試 基本の「型」がしっかり身につく 自由英作文の合格教室
鈴木健士：KADOKAWA

右◎好印象を与える 仕事の英文レター・Ｅメールの書き方
古澤弘美、鈴木日向子：ジャパンタイムズ

ビジネスで英語を使いこなしたいなら

「ビジネス英語」とは具体的にどんな英語でしょうか。

たとえば、銀行員が仕事で使う英語と、建築会社で働く人が仕事で使う英語はまったく違うはずです。


本書では、**業種や業界を問わず、一般的なオフィスで日常的に使う英語をビジネス英語と定義します**。

そう考えると、TOEIC L&Rテストはどの業界・職種の人も使う汎用性の高い表現だけで構成されているテストなので、ビジネス向けの英語を学ぶのにはうってつけですし、このテストで使われている英語は「ビジネス英語」とよぶのが適切でしょう。

ただしTOEIC L&Rテスト対策だけでは、聞く・読むというスキルの習得がメインになるので、TOEIC L&Rテストの内容を使って「話す練習・書く練習」もできれば、必要十分でしょう。

ネイティブと対等に渡り合える英語力をつけたいというのであれば、話は別です。TOEIC L&Rテストで満点を取得した知人が、カナダのトロントに渡って現地の人たちと仕事をしていました。日常会話にはほとんど問題ないけれども、少し突っ込んだ議論をしたり、お互いの国の文化的な楽しみについて話をしたりするのは、なかなか骨が折れたと話していました。その知人いわく、とくに自分に足りていなかったのは、リスニング力だったということです。

話すことは自分のペース・自分の語彙力だけでなんとかなるけれど、聞く立場になるとネイティブの扱う表現をなかなか聞き取れない・理解することができないことがしばしばあったと言うのです。

ネイティブの話す英語が僕たち日本人にとって早口に感じるのは当然のことながら、彼らと親しくなればなるほど、こちらを「日本人」だと見てもらえなくなり、会話の中にフォーマルではない、くだけた表現・スラングが使われることが多くなるということも原因でしょう。

TOEIC L&Rテストは、誰もがビジネスで使うであろう英語だけで作られている、汎用性の高いすばらしいテストです。

ただし、「社会人の日常生活とビジネスシーン」という範疇《はんちゅう》で作られているので、次のような種類の英語が必要なら、プラスアルファの知識を身につけておくと、コミュニケーションがよりスムーズになるでしょう。

①より格式の高い英語（接客業などに必要な英語）

TOEIC L&Rテストの範疇を超える尊敬語や謙譲語なども使いこなすには、それ相応の表現や言い回しを覚える必要があります。

②教養的な内容（神話や聖書、格言など）

ビジネスシーンの会話で意外と登場するのが、神話や聖書からの引用や格言などで

英語のお手本
そのままマネしたい「敬語」集
Handbook for Workplace Politeness
ゴールドマン・サックスで教わった丁寧な書き方・話し方。

おすすめの1冊
◎英語のお手本
マヤ・バーダマン：朝日新聞出版

す。比喩表現としてかなりの頻度で使われるので、知っておくと一目置いてもらえるかもしれません。

　また、逆に日本の文化などについても語れるようになっておくとよいでしょう。

③時事的な内容（ニュースや政治事情）

　業務に直接関係ないことでも、同僚との会話では時事的なニュースが話題になる場合は多いです。

　そのような際に話についていくことができないと、人として軽んじられてしまうケースがあるのは、日本でも同じかもしれません。

　日々のニュースを日本語でチェックしている人も、今後はＣＮＮやＢＢＣなどの動画サイトなどを見聞きして、キーワードをおさえつつ、内容を理解してみてください。

　日頃から常に目と耳で最新のニュースを追うようにしておけば、不意に会話で時事問題が話題になったときも、戸惑わずにいることができるでしょう。

おすすめの１冊
◎心に響く英語のことわざ・名言100 Inspirational Proverbs and Sayings
レベッカ・ミルナー：IBC パブリッシング

④慣用表現やスラング

ネイティブの同僚と仲良くなればなるほど、スラングや慣用表現などが登場する頻度が高くなります。無理して覚える必要はありませんが、映画や小説、海外ドラマなどで使われる「くだけた英語」を知っておくと、それらが聞き取りやすくなります。ただし、フォーマルな会話が身につかないうちに慣れ親しみすぎると、取り引き先や顧客に対しても、その場では使うべきではない表現をうっかり使ってしまう可能性があるので注意が必要です。

基本的にTOEIC L&Rテスト対策の教材を使った勉強だけでもまずは十分だとは思いますが、①〜④を学ぶことができる教材も使うと、よりビジネスシーンで使える英語能力が養われていきます。

おすすめの1冊

◎ The Japan Times Alpha：ジャパンタイムズ

TOEIC L&Rテスト満点を勝ち取る武器は公式問題集

TOEIC L&Rテストの満点をめざす上級者向けのツールをご紹介します。日本ではTOEIC L&Rテストの過去問は発売されていません。その代わり、「公式問題集」が存在します。現在の形式のTOEIC L&Rテストは2016年5月29日にはじまり、公式問題集は『TOEIC® テスト公式問題集 新形式問題対応編』から最新の『公式 TOEIC® Listening & Reading 問題集 9』（ともに国際ビジネスコミュニケーション協会）まで、全10冊が出版されています。

1冊につき2回分（合計400問）の、本番同様のテストが収録されているため、すべてを買い揃えると合計20回分のテストに取り組むことができます。

満点を狙うのなら、すべて購入し4000問を完璧にモノにしましょう。

ただし、初期の公式問題集と最新版では、掲載されている問題の傾向がだいぶ変わってきています。

最新の傾向に沿った問題を使って学習したいなら、最新の『公式 TOEIC® Listening & Reading 問題集』からさかのぼって使っていくことを強くおすすめします。問題形式こそ同じですが、TOEIC L&Rテストは毎回小さなアップデートが積み重ねられています。そのため、**現在の形式のテストがはじまった2016年当時の公開テスト、ひいては当時の公式問題集の内容と最新の公開テストの内容には、大きな乖離《かいり》ができているのです。**

たとえば、刊行時期がもっとも古い『TOEIC®テスト公式問題集 新形式問題対応編』のPart 7（読解問題）のトリプルパッセージ（3つの文書を読んで5つの問題に答える）では、最初の問題を解くために3つ目の文書まで読まないと解答できないものがあります。

今後どうなっていくかはわかりませんが、最新のテストでは、そのようなタイプの問題は出題されていません。

また、２０１６年からは、Ｐａｒｔ ３の会話問題、Ｐａｒｔ ４の説明文問題で「言い淀み」や「カットイン（相手が話している最中にもう一人が割り込んでくること）」、そして「より口語的な表現」が盛り込まれることになったため、『ＴＯＥＩＣ®テスト公式問題集 新形式問題対応編』ではそれらが顕著に登場するつくりになっていましたが、最近のテストでは、ほとんど気にする必要はなくなりました。

まとめると、公式問題集は左の順でおすすめできるという結論になります。

公式 TOEIC® Listening & Reading 問題集 9

↓

公式 TOEIC® Listening & Reading 問題集 8

↓

公式 TOEIC® Listening & Reading 問題集 7

↓

公式 TOEIC® Listening & Reading 問題集 6

↓

公式 TOEIC® Listening & Reading 問題集 5

↓

公式 TOEIC® Listening & Reading 問題集 4

↓

公式 TOEIC® Listening & Reading 問題集 3

↓

® 公式 TOEIC Listening & Reading 問題集 2

↓

公式 TOEIC® Listening & Reading 問題集 1

↓

TOEIC® テスト公式問題集 新形式問題対応編

公式問題集を駆使して知識の穴を徹底的に埋める

TOEIC L&Rテストで990点を狙う上級者には、「リスニングは満点を取れるけれど、リーディングではどうしても満点が取れない」という状態の人が多いです。文法や語彙に自信があるのに、それでも満点が取れないという時期が僕にもありました。

なぜ満点が取れなかったのか。それはやはり知識に穴があったからです。

僕も、満点を取れるようになる直前には大学受験用の文法参考書を使って、文法知識の穴を埋める学習もしました。同様に、なかなか満点に届かない人は、**知識の漏れを埋めるための学習をする必要があります**。

まず、文法を網羅している参考書を読んで、知識に抜けがないかを一通り確認したら、その本をカバンの中に常に入れ、移動中などに時間ができたときはすぐに読むようにしてみてください。

あとは、毎日、公式問題集の模試を最低でも1セットは解くことが肝要です。

たとえばTOEIC L&Rテストのスコアが600点の人が毎日1セットの模試を解いて復習をするのは非常に大変ですが、満点をめざせるレベルの人は間違える問題の数が少なく、復習すべき知らない語句なども少ないので、それほど時間はかかりません。

模試を一通り解いて復習もして、「もう完璧に理解できた」と思っていても、数日後に同じ模試を解いたらなかなか全問正解することができない、という経験をした方は少なくないはずです。

復習の次元が低い状態のまま、新しい問題をどんどん解いていく方法は決しておすすめできません。

同じ模試を解くのが2回目なら、当然のように必ず全問正解してください。

2回目以降は「全部聞いて全部読む」、これを「日本語を介さずに完璧に達成する」

ことを目標にするのです。

「全部聞いて全部読む」は、**リスニングセクションの音声は100パーセント英語のまま理解できていて、リーディングセクションの英文も100パーセントすべて英語のまま内容を理解できているという状態**だと考えてください。「全部聞いて全部読む」ことができれば、おのずとすべての問題に正解することができるからです。

僕の場合、最新版の『公式 TOEIC® Listening & Reading 問題集』を、何十回、何百回繰り返し全部聞いたか、全部読んだかわかりません。おそらく地球上の誰よりも読み、理解し、説明することができるであろうと自負しています。

問題を制作したETS、日本で公式問題集を制作した編集者たちの誰よりも、すべての英文を聞き、読んだのではないかと思います。

満点を取りたいのであれば、「1冊の模試を数回やりました」では言語道断、お話になりません。問題を全部聞いて全部読み、そしてそのすべてを理解できていますか。この質問に胸を張って「はい、できます」と答えられたときが、その本を卒業する資格を得たときなのです。満点を取るのは、次はあなたの番です。

時間管理

勉強時間を捻出するコツ

僕が「毎日3時間勉強してください」というアドバイスをしても、たいていの人はそれを実行することができません。なぜなら、多くの人は「勉強に使える3時間」を、毎日捻出する方法がわからないからです。

「毎日3時間勉強してください」と言われた人の多くは、「家やカフェなどで、テーブルや机の前に座って3時間勉強しなければいけない」と考えます。

3時間「連続で」勉強できる環境にある人は、とくに社会人では、ほとんどいないはずです。ではどうすればよいのでしょうか。

たとえば、1日に3時間勉強することにしたとしましょう。

その場合、1時間という「学習に費やせる枠」を3つ確保する、もしくは30分という枠を6回確保する、という考え方をしてください。**15分・15分・30分・1時間・1時間というふうに「3時間」をいくつかに分割して、1日の学習時間の合計が3時間になるように組み立てるのです**。

勉強に慣れないうちは、3時間の確保は負担が大きすぎると感じるかもしれません。まずは毎日2時間くらいの学習時間を確保することを目標にしましょう。

僕はもともと会社員をしながら英語の勉強をしていたのですが、家で机に向かって勉強をする時間はなかなか取れず、往復2時間をかけて電車通勤をしていたので、その時間を使って勉強していました。

会社の定時は9時〜18時だったので、7時半に出社してから始業時間まで90分、自分のデスクで勉強をしていました。

昼休みは12時〜13時までの60分。食事は5分でかんたんにすませ、洗顔と歯磨きで5分、合計10分ほどを食事プラスアルファの時間として費やします。結果、50分ほどの勉強時間を確保することができたので、その時間を使って勉強をしていました。

ジムで過ごす時間もイヤホンで英語の音声を聞き、ジムに人が少ないときは運動と運動の合間にシャドーイングをします（これは今でも継続しています）。

家の廊下や洗面所など、紙を貼れる場所には覚えたい単語や英文などを印刷した紙を貼っておき、目に入るたびに読むようにしました。家事や買い物、車の運転中（車を運転している間は音声だけを使った学習をするようにしてくださいね）など、他のことをしながらでも英語学習は可能です。


「机に向かってガッツリ勉強しなきゃいけない」という固定観念をなくし、「1日の中で使える時間をすべてかき集めるぞ」という意識を持つことが肝要です。

「学習時間の長さ」よりも大切なこと

学習時間の確保が重要なことは言うまでもありません、ある程度の英語力を身につけたいのなら、できる限り多くの時間を捻出するのは当然です。

ですが、勉強時間を確保すること以上に大切なのは、**やるべきことをその時間内でしっかりと学び終えることができたかどうかです**。

かんたんに言い換えるならば、あらかじめ設定したノルマ（勉強量）を達成することができたかどうか、ということです。

仮に、1日3時間の勉強時間を確保できているAさんと、1日1時間しか学習時間を確保できていないBさんがいるとします。

一見、Aさんは Bさんの3倍の勉強時間を確保できているので、Aさんのほうがより早く力がついていくように思えるかもしれません。ところが、Aさんが3時間で単語を10個しか覚えることができず、一方でBさんが1時間で単語を100個覚えることができたとすると、BさんはAさんの3分の1の勉強時間で、Aさんの10倍のことをマスターすることができている、ということになります。

つまり、勉強時間を確保すること以上に、勉強時間内に何ができたかのほうがより重要なのです。

「今日は3時間勉強できたからよかった」と満足するのではなく、「(今日は1時間しか勉強をできていないけれども) 100個の単語を完璧に覚えることができた」ということに満足すべきなのです。

Oxford University Press(オックスフォード大学出版局)が出している『A Teacher's Guide to TOEIC Listening and Reading Test Preparing Your Students for Success』という論文があります。この8ページ目では、TOEIC L&Rテストの目標スコア達成と勉強時間の相関関係を示す表が示されています。

この表によると、たとえば現在のスコアが550点の人が650点に到達するためには、勉強時間が平均で225時間必要、ということのようです。
しかし、これはあくまでも目安だと考えるべきです。

たとえ毎日3時間、勉強時間を確保できたとしても、その3時間で10個しか単語を覚えられないような勉強をしていては、短期間でよい結果を出すことが難しいということです。当たり前ですよね。

そもそも、この論文が作成されたのは1985年です。

ネット上ではいまだにこの研究結果を論拠としている話をよく見かけますが、当時はSNSもアプリもなかった時代ですし、英語を勉強する方法は日々進化しているので、参考程度にしておくべきでしょう。

繰り返しますが、**大切なのは「学習時間の長さ」よりも、日々の「ノルマの達成」なのです**。

スキマ時間も予定通りの学習時間も「貴重な1分1秒」

まずお伝えしたいのですが、僕は「スキマ時間」という言い方があまり好きではありません。「スキマ時間」という表現は「空いている時間」「ちょっとした暇な時間」など、「あまり大切にされていない時間」という印象を抱かせるからです。

予定していた勉強時間であろうが、何かの狭間に偶然生まれた時間であろうが、僕たちにとってそれらは同じ「1分1秒」なのです。そこに差はありません。

とはいえ、本書を読んでくださっているみなさんにとって、「スキマ時間」という表現が「ピンとくる表現」であることは理解しています。

そのため、**本書で使っている「スキマ時間」という言葉は、「暇な時間」という意味ではなく、「どんな人にとっても貴重な1分1秒」という意味であること**を理解していただければ幸いです。

「大・中・小」のスキマ時間に勉強できるものを用意する

通勤、通学の時間や、お昼休みなどの時間の長さは、人によってさまざまです。電車で通勤している人もいれば、車や徒歩で通勤している人もいるでしょう。

これから紹介する内容は、僕の実体験にもとづいているため、主に電車通勤・電車通学をしている人向けのアドバイスになりますが、他の人にも参考になると思うので、ぜひ試してみてください。

スキマ時間を大中小に分ける

まず、スキマ時間を「大・中・小」に分けます。

この「大・中・小」は、「長い・普通・短い」という時間の長さの概念を言い換えたものであると考えてください。

「大・中・小」の時間は、だいたい以下のように定義します。

大＝30〜60分程度のスキマ時間
中＝15〜30分程度のスキマ時間
小＝5〜15分程度のスキマ時間

スキマ時間の長さに応じて「すぐに勉強できる何か」を用意しておくのです。

「大」のスキマ時間に取り組めるおすすめ教材

模試のコピー（自身が購入したものを個人で学習するときのみ、コピーをして教材を使用することが可能です。著作権を遵守しましょう）

「中」のスキマ時間に取り組めるおすすめ教材

「TOEIC® TEST 特急シリーズ」（朝日新聞出版）などの、比較的短時間で取り組むことができる問題集・参考書

おすすめの１冊

◎ TOEIC® L&R テスト 究極の模試600問+
ヒロ前田：アルク

「小」のスキマ時間に取り組めるおすすめ教材

・mikanなどの単語暗記アプリ

この3パターンの「勉強道具・素材」を常に持ち歩いて、スキマ時間が訪れた瞬間に「迷わず」すぐに取り組むようにするのです。

「ちょっと今、時間が空いたけど、さて、何をしようかな」などと考える時間は非常に無駄なものです。その1分1秒を惜しんで勉強に注ぎ込むからこそ、よりよい結果につながり、あなたの願いがかなうのです。

おすすめの1冊

◎ TOEIC® L&R TEST 出る単特急 金のフレーズ

TEX 加藤：朝日新聞出版

「今どうやったら勉強できる？」を考える

ちょっと前までのポータブルオーディオプレーヤーは、イヤホンのプラグを本体に差し込む必要がありましたが、今やイヤホンはワイヤレスのものが主流です。

ワイヤレスイヤホンを手に入れるまでは、電車が混みすぎていて、音声を聞きながら模試を解くというトレーニングを諦めていた時期もありました。以前僕が利用していた小田急線は、時間帯によっては、何かを手に持っているだけでもまわりの人の迷惑になるくらいの混みようで、手に（模試のコピーなどの）紙を持ってそれを読むという最低限の勉強すら諦めることがあったのです。

しかし今では、電車内で『ラジオ英会話』（ＮＨＫ）を聞いたり、英会話のフレーズを聞いたりしながら、移動時間でも効率的にリスニングの勉強が実践できています。

まずは、「この時間は勉強をするのは絶対に無理だ」という考えを捨て去り、**工夫して、なんとかして勉強時間に変換できないだろうかと考えてみてください**。

どんな時間でも「この状態でどうやったら勉強できるか」を考えて工夫すれば、必ず何らかの勉強をすることが可能です。

会社の始業前や休み時間、通勤時間などの細切れの時間を集めれば、誰でも毎日2時間くらいの勉強時間を確保できるはずです。細切れのスキマ時間とはいえ、それを積み重ねた結果、毎日1時間半から2時間の勉強をすることができれば、積もり積もって最終的にはものすごい分量の勉強をしたことになります。

ぜひ、みなさんも試してみてください。

勉強する「時間」ではなく「場所」を決めてしまう

学習時間を捻出するために、「いつなら勉強できるのか」を考える人は多いと思いますが、少し視点を変えて、**勉強を行う「場所」を決めるのもおすすめです。**

「時間が空いたら勉強をしよう」と思っていても、結局何もやらずに1日が終わってしまった、という経験を誰しもしたことがあるのではないでしょうか。

だから、**「ここにいるときはこれをする」と決めてしまうのです。**

ちょっと時間が空いたらスマホをいじる、ゲームをやるといったことは、スキがあればみなやってしまいがちです。それがあなたにとって「生産性がある」ことであればよいのですが、そうではない場合のほうが圧倒的に多いですよね。

そこで「職場や学校へ向かう、行きの電車の中だけは必ず勉強する」というように、時間ではなく、「ここにいる間は必ず勉強をする」というルールを設定します。

まず「行きの電車の中だけは英語を勉強する」と決めるのです。

行きの電車では勉強をしたから、帰りの電車では本を読んで帰る、もしくは寝て帰るなど、慣れないうちは無理なく継続できる範囲でやるようにしてみてください。

勉強は、1日のうちのなるべく早い時間にするとよいでしょう。

1日のうちの遅い時間は疲れが出て集中力が落ち、やる気も時間の経過とともに失せます。そして結局「今日はやらなくてもいいや」となってしまうのです。すると、もう次の日には勉強をやらなくなり、多くの人はそこで挫折してしまうのです。

また、1日のうちのできるだけ早いタイミングで、やるべきことを終えてしまえば「今日はきちんと勉強することができた」という爽快な気持ちでその日を過ごすことができます。早い時間のほうが、集中力が持続するのはもちろん、こうした「気持ちの持ち方」という観点から考えても、勉強はできれば朝のうちにやるようにしたほうがよいでしょう。

▼継続

短期間で勉強法を変えない

「英語の勉強をやりはじめてからだいぶ時間が経ちましたが、思うように力がつきません。いろいろなやり方を試しましたが、それでも望む結果にはなりません。どうすればいいでしょうか？」という質問を多くの方からいただきます。

もし、学習を続けているのに1年間試験の結果が変わらないのであれば、それはおそらく勉強のしかたの根本に問題があります。しかし、**数週間から数カ月程度で「停滞期だ」と焦って勉強のしかたを変えてしまうのは、おすすめしません。**

どれくらい停滞期（と自分が感じる期間）が続いても大丈夫なのかは一概には言え

ませんが、僕の場合はＴＯＥＩＣ Ｌ＆Ｒテストで８６０点を取ってから停滞し、次に９７０点を取るまでに約半年かかりました。

停滞期は長く感じましたが、その後は急激にスコアが伸びました。**伸びる直前にとてつもなく勉強したからではなく、学習を継続した貯えが爆発したのです。**

英語の勉強は、ダイエットと同じで、やった分がそのまま成果につながります。

英語がなかなか身につかないことを「向いていない」と、生まれながらの能力のせいにするのも正しくありません。

考えてみてください。同じ日本人でも、話すのが得意な人と苦手な人、文章を書くのが得意な人と苦手な人がいますよね。それと同様に、英語が身につきやすいかどうかにも、当然ながら大きな個人差があるのです。

また、母語と似た構造の言語のほうが習得しやすいということで、日本語と構造が違っている英語は、僕たちには習得しづらい、という事実もあります。

けれど、たくさんの外国人の方が日本語をかなり上手に話すことができているように、僕たち日本人も、きちんとした手順で学べば英語の習得は可能なはずなのです。

体質的に脂肪がつきやすい人はたくさんいますが、きちんとした食事と運動を一定期間継続すれば、誰だって適正体重になることができるのと同じです。

なかなか成果が出ないからといって新しいメソッドらしきものが出てきたら、今までやってきたことを横に置いてすぐに飛びついてしまう。

それでもなかなか成果が出なくて自己嫌悪になり、やる気が失せてやめてしまう。

また新しいメソッドが登場したら、またそのやり方でダイエットをはじめる……。そんな状況では期待するような効果が出るわけがないのです。

英語の勉強においても同じようなサイクルにおちいっていないでしょうか。

コツコツ地道にやることなく、一足飛びに大きな英語力がつくような方法は絶対に存在しません。

「これって停滞期?」と感じたら

ある程度の期間勉強をやっても効果が出ない人は、次の①~③のいずれかが原因になっているかもしれません。

①勉強の量がまったく足りていない
②勉強のしかたが間違っている
③勉強を毎日続けることができていない

では、それぞれについて対策を考えてみましょう。

①勉強の量がまったく足りていない

多くの人があてはまるのは、実はこの①ではないでしょうか。

「毎日30分……。それだと目標レベルに到達するためには勉強時間がまったく足りていないのでは?」と聞き返したくなるような人が非常に多いです。

やり方が多少間違っていても、ある程度の勉強量を日々こなしているのであれば、多少なりとも勉強をした成果は必ず出るからです。

セオリーに反するようなトレーニングであったとしても、それを継続さえしていれば結果としてある程度の体力がつく、筋肉がつく、という状況に似ています。

ですが、それでは成果が出るまでにあまりにも遠まわりですし、その状態を続けていくことも容易ではありません。

適切な勉強量はみなさんの立場(学生・社会人・主婦など)によって異なるので、1日1時間しか勉強に割けない人もいれば、5時間割ける人もいるでしょう。

ただし、当然ながら勉強はやった分だけそれに比例してできるようになるものなので、早く力をつけたい、早く目標を達成したいのであれば、できる限り勉強をするための時間をしっかりと確保する必要があります。

無理をして毎日10時間勉強時間を確保しようとしても、なかなか続けていけないのは間違いないので、自分にとっての「適量」を見極めるようにしてください。

1日あたりの勉強時間でも、取り組む参考書や問題数のページ数でもいいので、勉強量がはっきりとわかる指針を決め、継続して勉強することが大切です。

②勉強のしかたが間違っている

勉強のしかたの間違いとしてよくあるのが、**とにかく単語だけ、文法だけ、リスニングだけ、というように「〜だけ」を集中的に学ぶやり方で勉強をすることです。**

短期的には効果が上がったように感じられる場合もありますが、やはり全般的な力がつかないと「使える英語」にはなりません。

英語の総合力をバランスよくつけていきたいのであれば、TOEIC L&Rテストや英検などの資格試験に挑戦することを強くおすすめします。**学生の方であれば英検を、社会人の方であれば、ビジネスにおける実践的な英語力を保有している証として評価されるTOEIC L&Rテストをおすすめします。**

TOEIC L&Rテスト対策の勉強で効果的なのは、リッスン&リピート（163ページ）やシャドーイング（165ページ）、そしてオーバーラッピング（英文の音声と同時に自分も発声しながら英文を読む練習法）など、声を出しながら勉強する、いわば王道とよばれるような勉強法です。

これらはリスニング力やリーディング力だけでなく、スピーキング力のアップにも効果があります。さらに英文を書けるようになりたいと考えている人であれば、英語で日記を書いたり、ライティングの教材を自身の勉強に1冊加えたりするとよいでしょう。

自分が強化したい部分は、今やっている教材に「プラス」するようにしてください。新しいものに「完全に乗り換える」というやり方は非常によくありません。

③勉強を毎日続けることができていない

一番悩ましい問題がこれで、たとえ「英語学習のメソッド」をよりよいものに変えられたとしても、勉強を続けることができていない人がいます。

裏を返せば、**あなたがどんなにすばらしい英語学習のメソッドに出合えたとして**

も、それを続けることができないのであれば何の成果も出すことができません。

勉強の成果が上がらない状態で次々と新しいメソッドに飛びつく人は、自分が続けられないことを「自分が悪いのではなくそのメソッドが悪い」と学習法のせいにしているのと同じです。

勉強を続けることができていない人に必要なのは、「新しい英語学習のメソッド」ではなく、「勉強を続けるためのメソッド」なのです。

英語の勉強法はベーシックなものを継続することを前提にしたうえで、これに加えて以下のような「続けるためのメソッド」を試してみてください。

- **好きなコンテンツを加えて勉強をはじめるきっかけにする。**
- **勉強したかどうかをチェックしてくれる人を見つける。**
- **英語ができるようになってかなえたい夢を紙に書いて貼る。**
- **進捗状況を可視化して頑張っていることを自分にアピールする。**

自分ならではの「やる気」を継続させるための方法を選び、ぜひ実行してみてください。

継続するための燃料を投下する

多くの人が、英語学習をはじめ、そして挫折していきます。

実は、勉強を継続させるためにはコツがあるのです。

それは、**勉強を日々継続できる人は、自分の中で何らかの「盛り上がり」を持っているということ**。無理に勉強を続けているのではありません。

勉強することを炎に例えると、そこに何らかの燃料を投下し続けているからこそ、勉強をやり続けることができるというイメージです。

勉強を継続できる人には、理由があるのです。ずっと炎が燃え続けている理由があるのです。ここでのポイントは「炎を絶やさないためにどうするか」です。

そして一番の「燃料」は**「小さな達成感」と「努力を誰かと共有すること」**です。

たとえば、ＴＯＥＩＣ Ｌ&Ｒテスト対策のスクールに通って勉強をするようになったとしましょう。

ＴＯＥＩＣ Ｌ&Ｒテストの勉強はさまざまな業種の人たちがやっていて、実際に僕の社会人向けの講座にも、出版社、銀行、ＩＴ系など、さまざまな業界の人たちが同じ教室に集まります。そのような人たちが、たまたま仲良くなったりすることは、よくあることです。

参加者の１人が学校の先生で「今、ＴＯＥＩＣ Ｌ&Ｒテストのスコアは７００点なので、せめて８００点を取らないと教師としては恥ずかしいんですよ。頑張らないとね」と、休み時間に話していたのを聞いたら、「そうなんだ！ 自分も頑張らなくては」と、向上心を刺激されますよね。そのような人間関係を作れるチャンスがあるので、オフライン・オンライン問わず、スクールや講座に参加してみてください。

「通える場所にスクールがない」とか、「時間的、金銭的に厳しい」など、意欲的に学習する人たちと一緒に学びたくても、実現が難しい人は、ＳＮＳを活用することをおすすめします。

やり方はかんたんです。Twitter や Instagram などに、日々の学習状況を投稿するだけです。すると、同じような環境で学習を続けている人たちが、少しずつあなたの投稿に集まって「いいね」を押してくれます。

同様に、自分と同じようなレベルにいる学習者を見つけたら、そっと「いいね」を押す、それだけでその人もあなたも心が温まり、継続の糧となる燃料が投下されるはずです。

僕はTOEIC L&Rテスト対策をメインとするオンラインサロンを運営していますが、メンバーのみなさんには「スコア」というゴールだけを目標にするのではなく、その日に理解できるようになった「単語や文法の数」なども意識してもらっています。**どんなにわずかな差でもよいので、昨日よりも1㎜でも英語力を上げたぞ、という実感を得ることが大切だからです。**
勉強と向き合うのが苦しいときでも、小さな達成感、そして「誰かに認めてもらえている」という実感を得られれば、勉強を日々継続できるはずです。

▼メンタル

「やろうとする気持ち」だけあればいい

「英語が苦手で、学生時代はいつも平均点にすら届いていませんでした」
という方、たくさんいますよね。

平均点に届いていない、ということは、ざっくり言って10人中5位よりも下、ということになります。これから英語の勉強を進めるうえで大切なことは、本当の意味での「やる気」があるかないか、それだけです。

10人中、9位でも10位でも全然問題ありません。

「やろうという気持ち」があれば、順位なんて何位でもいいんです。

スタートするのが何歳であっても、順位が何位であっても、まずは基礎からしっかりと着実にコツコツ積み上げていきましょう。

基礎をおろそかにする方は少なくありませんが、基礎は土台なのです。基礎の学習を終え、中級、そして上級に進んでいく際にも、基礎は常にそれらのレベルでさまざまなことを学んでいくための下支えになります。まずは浅く広くで構わないので、自分に必要な範囲の基礎学習に取り組んでみてください。

努力は裏切りません。

「疲れた」は人生の禁句にする

「もう嫌だ」

「疲れた」

「こんなことをしていて意味あるのかなあ」

など、さまざまなマイナスの考えがふと頭をよぎることはありませんか。

勉強をしているときに「負の感情」が現れるのは誰もが同じです。

ですが、僕は勉強をしていて「疲れた」ことが一度もありません。

正確に言うと、**どんなに疲れていても、「疲れた」という言葉を口にしたことが一度もありません**。絶対に口に出さないようにしているからです。

言葉が自分のコンディションに与える影響は非常に大きいです。

「疲れた」という言葉を口にした瞬間、実際に疲れている以上に心身ともに疲れた状態になってしまうのです。

だから、**「マイナスの言葉は決して口には出さない」というルールを作っておくと、勉強を終えたときに達成感だけが残り、疲れたと感じることはなくなります。**

長時間勉強を続けていると、実際には脳も体も疲れている状態になるとは思いますが、このルールを日頃から徹底して守るようにしておけば、不思議と「疲れた」という感情は出てこなくなります。

これは今日から、今から実践することが可能です。

「疲れた」と口にすることは、言い換えれば「勉強なんていいや」「もうやりたくない」「勉強から逃げたい」という負の感情を言葉にしていることと同じです。

「疲れた」や「忙しい」という言葉は頭の中から一切消し去り、今後の自分の人生において二度と使わないようにしてください。

自分に自信が持てなくなるときは

自分よりもできる人に出会ったとき、人は自信をなくしてしまうものです。

その人にはいくら頑張ってもかなわないと思うと、急に英語の勉強を諦めたくなるかもしれません。


どんなことに挑戦する場合でも、自分よりもできる人がいるのは当然です。

そして、英語はとくに、他の人よりも早く学習をはじめた人のレベルの高さが目につきやすい教科です。

「あの人には自分がいくら頑張ったところでかないっこない」と思える人が、自分の身のまわりだけでなく、SNS上にもたくさんいるはずです。

でも、その人たちは、あなたが勉強をはじめる何年も前から英語の勉強をはじめている人たちなのです。一方、あなたは今はじめたばかり、もしくはまだはじめてすらいないわけです。

先に勉強をはじめた人が、自分よりもできるのは当たり前です。

勉強は、全員、めざすもの・めざすゴールは違います。

そして、人は、それぞれ持っている能力も違います。

今までどのような人生を送ってきたのかという部分も、やはり違います。

ですから、人のことなんてどうでもいいのです。「どうにもならないこと」なのですから。

「どうにもならないこと」は、「どうにでもなっていいこと」なんです。

人のことよりも、自分のやりたいこと、自分がどうなりたいのかということが大事です。それをしっかり見つけてください。

友人が英検の準1級に合格した、という話を聞いたとしても、自分がめざすレベルが英検3級ならばそれは問題ありません。それでいいのです。

自分が英語の勉強を頑張りたい、英検3級をめざしたいというのであれば、それでいいのです。自分の目標を達成するための勉強をする、ただそれだけです。

「まだそんなところを勉強してるの？」というようなことを言ってくる人が、もしあなたのまわりにいるなら、即座に縁を切り、一切無視するようにしてください。自分がやりたいことをやり、成功する未来だけを考えてみてください。

自分がめざす英検の級に向けて、少しずつでも歩を進めれば、必ず目標を達成することができます。１００ｍを9秒で走れと言われているわけではありません。

無謀な、実現の可能性がほぼないようなことに取り組むわけではないのです。英検準1級を取得した人との戦いでもないのです。あなたは英検3級の範囲内の勉強としっかりと向き合うこと、それだけが必要です。

自分が目標とする試験の合格点に達することだけを考えていればいいのです。

「対人（ひと）」ではなく、「対目標」ということを、忘れないでくださいね。

「自分だけが停滞してる」なんてありえない

学習を続けていて、英語力の伸びを感じられない停滞期は、誰もが経験します。

停滞期とは「英語力が伸びた気がしない、スコアや正解数も伸びない、やる気も出ない、どうすればいいかわからない」状態です。せっかく英語の勉強をはりきってはじめたのに、この停滞期が原因で学習をやめてしまう人も少なくありません。

では、停滞期におちいったとき、どうメンタルを保てばいいのでしょうか。

どんなことであれ、停滞期がない人なんて、まずいません。

たとえば、「わずか2カ月で英検準1級に合格した」という人や、TOEIC L&Rテストのスコア発表の日に、Twitter上で「200点スコアが上がりました!」と報告する人がいるとします。

このような人ばかりが目立つのは当たり前です。

なぜなら、スコアが落ちた人たちのほとんどは結果について投稿せず、ただ部屋で一人、肩を落として体育座りをしたまま落ち込んでいたりするからです。

「先月のTOEIC L&Rテストでは、スコアが100点ダウンしてしまいました」という投稿は、誰もしたくはないですよね。

結果をSNS上に投稿しているのは、スコアが上がった人、英検であれば合格した人たちがほとんどです。そのような投稿ばかりが目に入ってしまい、さらにまわりからもよい話ばかりが聞こえてくる。

そうすると、「みんな短期間ですごくスコアが伸びて、英検も受かっている。それなのに自分はいくらやっても全然伸びていない。才能がないんだ、みんなよりできないんだ」と思ってしまうのもしかたありません。

ですが、**「みんなが伸びているのに自分だけが伸びていない」ということはまずありえません。**

みんながスコアアップしていたら、TOEIC L&Rテストのスコアの平均点はもっともっと上がるはずです。しかし実際には、平均点はいつも620〜630点です。みんなができたというのであれば、スコア平均が700点、800点になっているはずです。しかし、実際はやはりそんなことは起きてはいないので、できている人だけがたくさんいるのではなく、できていない人も毎回たくさんいるのです。

SNS上でも身のまわりで聞いた話でも、よい話ばかりしか聞こえてこないのは当たり前、できていないのはあなただけではありません。

そして話というものはだいたい「盛られて」います。

よかった話は、「さらに盛られる」場合が多いです。

他の人たちの結果報告に振り回されないようにしてください。

あなたがやるべきことは、次の試験に向けての立て直しを図ること、そして今日からまた勉強を続けていくことなのです。

僕は結果に一喜一憂することには大賛成です。

今回落ち込んだ分、必ずや次回受験するテストでは喜びを大爆発させることができるよう、しっかりと歩を進めていきましょう。

上級者向け ミスをゼロにするための心構え

ここでは英語資格試験で「満点」を狙っているレベルの方に対してのアドバイスを述べてみます。

満点を本気で狙うのであれば、試験後に「あそこでケアレスミスをしてしまった」とは、決して口にはしないでください。

それは「ミス」ではありません。ミスなんて存在しないのです。

「正しく解答できなかった」という事実があるだけです。

厳しいことを言ってしまうと、**「ミス」ではなく、単なる「実力不足」です。**

「本当はできていたはずなんだけどな」などと、間違っても口にしてはいけません。

満点をめざすのであれば、結果がすべてです。

結果＝あなたの実力だと心に刻んでください。

試験本番では、実力の発揮を妨げられる出来事が、少なからず起こります。

・試験中にシャープペンが真っ二つに折れて飛び散ってしまった
・隣の受験者の貧乏ゆすりとひとり言がありえない大きさだったため、リスニング中に集中力を保てなくなった
・指定された座席が大会場の最後方の隅の席だったため、教卓に置かれた小さなラジカセからのリスニングの音声が聞こえづらかった
・電池切れで腕時計が止まっていたことに試験中に気づき、ＴＯＥＩＣ Ｌ＆Ｒテストのリーディングセクションの時間管理ができなかった
・試験監督が終了時刻を間違え、１分早く試験終了のアナウンスをしてしまった。数分後に１分間の試験時間を与えられたが、集中力はすでに切れてしまっていた

これらは、僕の身に実際に起きたことです。

しかし、僕はこれらのアクシデントが起こったすべての回で満点を獲得しました。なぜ、僕は満点を取り続けることができたのでしょうか。それは**「常に最悪の事態を想定して準備を怠らない」ようにしているからです。**

アクシデント① 試験中にシャープペンが折れてしまった

対処法：筆箱には常に普通のシャープペンを2本、マークシート用シャープペンシル（ぺんてるの1・3㎜とステッドラーの0・9㎜）を2本、消しゴムは2つ入れておくようにしています。

アクシデント② 隣の受験者の貧乏ゆすりとひとり言のせいで試験に集中できなかった

対処法：常日頃から電車内やファストフード店のような騒音・雑音が多いところで学習する機会をつくるようにし、まわりの人たちが話していようといまいと「自分のゾーンに入って目の前のことに集中する」術を身につけました。

アクシデント③　指定された座席が会場の後ろのほうの席だったので、音声が聞こえづらかった

対処法：ラジカセを購入し、イヤホンやヘッドホンから音を聞くのではなく、「遠くに置いたラジカセから出る音」を使ったリスニングの練習も行うようにしています。

「音声が聞き取りづらい」ということが理由であれば、試験前に席の移動を申し入れることもできます。受験するみなさんには臆せずに、試験監督の指示に沿ったタイミングで挙手し、音がより聞こえる前方の席に移動することをおすすめします。

アクシデント④　腕時計が電池切れで止まっていた

対処法：まずは全速力で解答し、とにかく「時間切れで200問を解ききることができない」という事態を避けました。結果的に、最悪の結末である「塗り絵」（解答しきれなかった問題を、まとめて適当にマークすること）はまぬがれました。試験終了後、すぐに100円ショップで予備の腕時計を購入し、その後はペンケースに常時2つの腕時計を入れておくようにしています。

アクシデント⑤ 試験監督が正しい終了時刻より早めに試験終了のアナウンスをしてしまった

対処法：１分早く終了のアナウンスがされただけなので、満点を狙うレベルの人にはとくに影響しないレベルのトラブルでした。満点を狙うのなら、最低でも5分、できれば10分程度の余裕を持って解答し終え、残り時間にはマークミスのチェックや気になる問題の再考を行うべきです。

リスクが最小限になるよう、想定できることをすべて準備して本番に臨む。これが満点を取るためには重要なのです。

同様に、試験会場には受付開始時刻前に必ず到着するようにしてください。受付開始時刻には教室の前にある受付に並ぶことができるよう、余裕を持って自宅を出発してください。

公共の交通機関にも、まれにではありますがトラブルが起こります。

「電車が遅延・運転見合わせになっても、これだけ早く家を出れば、代替の交通機関を使って受付時間内に会場へたどりつけるだろう」という心の余裕を確保することは非常に大切です。これは満点を狙う人だけではなく、本気で受験する人であれば最低限のたしなみです。

常日頃から「言い訳をしない」自分をつくり上げるべく努力を続けること。

万難を排し、心技体すべてを100パーセント、いや、200パーセント仕上がった、これ以上ない状態で試験本番をむかえること。

あなた自身が意識して、「信じることができる自分」を創造できるよう、日々努力あるのみなのです。

「準備万端」「備えあれば憂いなし」「用意周到」「石橋をたたいて渡る」という言葉を、常に頭の片隅に入れておくようにしてください。

プレッシャーに強くなる勉強場所って?

プレッシャーに弱い人、たくさんいますよね。

たとえば、自宅で問題集や模試を解いているときは調子がよくても、模試や本番の試験会場で見知らぬライバルに囲まれて足がすくんでしまう人は少なくありません。

これを克服するために、外で勉強する機会をなるべく多く作るという方法があります。

図書館でもカフェでもいいので、**知らない人が同じ空間で机に向かっているところで勉強することをおすすめします**。

僕の場合は、意図的に、混雑している夕方のファストフード店で勉強していました。

普通に考えると、そのような場所は決して勉強がはかどる環境ではありませんが、こうした環境でリスニングやリーディングなどの勉強をしていれば、本番ではかなり楽な気持ちで受験することができます。

知らない人がまわりにいるのはカフェも試験会場も一緒ですが、試験会場のほうがはるかに静かで、解答に集中できる環境なのは間違いありません。

カフェやファストフード店だけでなく、電車内のような、人が多くいて静かではないところや、昼休み中の会社のデスクのような、まわりに自分以外の人がいるようなところで勉強する習慣をつけるのがいいでしょう。

そのような環境でも勉強に集中できるようになれば、確実に試験本番でも、より集中して解答できるようになります。

集中力を切らさないためのコツ

「集中力が続きません」という相談を受けます。

ある有名なマラソンランナーは、本番で42・195kmを確実に走り切るために、普段の練習では毎日約50km走っていました。彼は毎日50kmという距離をコンスタントに走っているので、本番でスタミナがもたないことは、過去に一度も起きなかったそうです。

「集中力を高める」ことは「スタミナをつける」ことと同義です。

スタミナとは持久力、つまりより長い時間、問題に対して集中し続ける力のことです。スタミナが切れると集中力も切れてしまいます。

普段から意識して「持久力」と「集中力」を高めるようにしておけば、本番で失速

する可能性が格段に低くなります。

TOEIC L&Rテストや英検などの場合も同様です。

TOEIC L&Rテストでは2時間、英検もそれに近い長丁場を乗り切る持久力・集中力が必要なので**「普段は毎日3時間連続で問題を解いているから、2時間くらいであれば余裕だ」という状態になれれば理想です。**

しかし、多くの社会人の方にとって、毎日2時間や3時間の勉強時間を確保するのが非常に難しいということは言うまでもありません。

毎日2時間勉強するのは無理でも、TOEIC L&Rテストでは毎日リスニング（45分）かリーディング（75分）のどちらか1セットは最低でも取り組むようにしないと、本番の試験で120分も連続で集中できるわけがありません。

リスニングかリーディングのいずれかを1セットということは、フルマラソンでたとえると毎日20kmほどの距離を走るのと同じです。

毎日50kmを走るのが難しくても、せめて毎日その半分の距離は走るイメージで、本番の試験に必要な最低限の持久力、集中力を鍛えてみてください。

PART

2

英単語・熟語の勉強法

1-1 英語の基礎力は単語から

英語の勉強をはじめるにあたって、初級者が基礎力をつけるにはどうすればいいかということからお話ししていきましょう。

まずは、**ある程度の語彙力（単語の知識とそれを使いこなす能力）を高めていくことが第一歩です**。

たとえば、TOEIC L&Rテストの Part 5（短文穴埋め問題）では、副詞の単語の意味がわからなくても「文の骨組みを理解する」という点ではなんとかなります。ですが、SVO（主語＋動詞＋目的語）のいずれかの単語の意味がわからないと、「正解を選ぶこと」は非常に難しくなります。

このことから、最初は単語、そして次に文法の勉強を、少しずつでいいので着実に進めていきましょう。

TOEIC L&Rテストであれば、めざすスコアにもよりますが、テストに頻出する約1000語の単語の意味を知っていれば、問題文に知らない単語があったとしても、英文のだいたいの意味を理解することが可能になります。

TOEIC L&Rテストの平均点は、毎回600点を少し超えるぐらいです。

それより少し上のスコアである650〜700点以上を取りたいのなら、必須単語の70〜80パーセントをカバーする700〜800語の意味を最低でも知っている必要があります。

おすすめの1冊
◎高校入試 世界一わかりやすい中学英単語
関正生：KADOKAWA

1-1

おすすめの単語の覚え方

僕は大学や企業で英検やＴＯＥＩＣ Ｌ＆Ｒテストの対策指導を長年行っていますが、学生や受講者が単語や熟語を覚える方法は、人によってさまざまです。


単語を一つひとつノートに書きながら、声に出して発音しながら覚える人。

単語を見た瞬間に発音し、すぐに意味を言うというやり方で覚える人。

どんな方法でも**一番大切なのは「毎日継続することができる方法」を選ぶ**ことです。

「勉強を続けやすい方法」は、自分にとって「単語や熟語のもっとも楽な覚え方」であるはずです。


「単語や熟語のもっとも楽な覚え方」のわかりやすい例に、スマートフォン用の単語暗記アプリがあります。

表示される英単語を見て、その単語の意味を瞬時に言えるかどうか、正確に単語のつづりをタイピングできるかどうかを確認するものから、英語↓日本語のテストを4択で行うものなど、無料のアプリだけでも数多くあります。


とくに4択のテストをするアプリはオーソドックスで、手軽に単語テストを行うことができます。

まず1つの単語と4つの日本語訳が同時に画面に表示され、その中から1つを選択します。見事正解すると、正解したことを意味する「○」が表示されます。

これをコンマ何秒というスピードで、次々に現れる単語の意味を選択していきます。正しい訳を思い出しながら解答するのではなく、用意された日本語訳を見て瞬時に選択するだけなので、たくさんの単語テストにチャレンジしても、何回繰り返しても、それほど時間はかかりません。

僕はこのように**アプリを使って単語を覚えていく方法が、効率的に単語や熟語を覚える方法として非常によいと考えています。**

単語を覚えるには、その単語に出合った回数が非常に大きな意味を持ちます。

たとえば、あなたが今日から新しい会社に所属するとします。

新しい職場に通うとなると、最初の数日間は誰もが会社にたどりつくことに神経をとがらせるはずです。駅の乗り換えでは何番線に行かなければならないとか、何番目の信号を曲がらなければいけないとか、会社にたどりつくまでにいろいろなことに気を使わなければならないでしょう。

ですが、1週間も通い続けると、何も意識せずに会社まで行けるようになります。

単語や熟語の暗記もこれと同じなのです。

自分にとって新しい何かが、無意識レベルまで頭や体に刷り込まれるには、それなりの反復が必要になります。

最初は、英語の意味を日本語で言えることをめざしてください。

もちろん、日本語を見て英語にすることができればさらにいいのですが、それは労力のかかることなので多くの人が挫折してしまう場合が多いです。ですから、とにかく手軽に短時間で、ある程度の数の単語と出合える方法で学ぶのが一番です。

1、2回しか会ったことがない人の名前はなかなか覚えられませんが、10回、20回会った人の名前は確実に覚えますよね。単語や熟語を覚えることも、それと同じなのです。

おすすめのアプリ

・英検でた単
・mikan
・abceed

難しい単語は意味と使われ方を一緒に覚える

洋書や英字新聞、海外の雑誌などを読みこなすためには、難単語を避けては通れません。

英文をしっかりと聞ける、読める、話せる、書けるようになるためには、最終的に単語や熟語をどれだけ使いこなせるかが勝負になってきます。

とはいっても、初級者〜中級者レベルでは、まだまだ知らない単語は多いはず。もちろん、上級者でも知らない単語に一切出合わずに新聞や雑誌を完璧に読んで理解できることは、まずありえません。誰だって、知らない単語と出合うたびに、一つひとつ確認して覚えていく必要があります。

以前、何巻もある海外のファンタジー小説シリーズを原書で読む機会があったのですが、第1巻の最初のほうではかなりの数の知らない単語と出合いました。ところが、それらの意味を調べながら読み進めていくうちに、最初は難しいと感じていたいくつかの表現に作中で何度も出合うことになり、最終的にはそれらをいつの間にか覚えてしまいました。

第1巻を読んでいるときにかかっていた「ブレーキ」が外れ、第3巻を読んでいるときはかなり楽に読み進めることができるようになっていたのです。

一つひとつ難単語と出合うたびにそれを覚えていくというのは、非効率に思えるかもしれませんが、「新しい単語を覚えるチャンス」だと前向きに捉えるようにしてください。

覚え方にもコツがあります。

たとえば、一般的に医療系の単語は、覚えにくいと言われています。そのような単語が日本語でも難しいのは、想像に難くないですよね。

ですが、専門的な用語でも、前後の文脈と関連づけて覚えるとかなり覚えやすくなります。**どのような場面で使う単語かを理解することによって、イメージとともに単語の意味を覚えることができるからです。**

ただし、初級レベルの人がこの方法でいきなり難しい単語を覚えるのはハードルが高いかもしれません。そもそも、1つの文にわからない単語がたくさん出てきてしまうと、それだけでもうげんなりしてしまうでしょうから。

当たり前のことではありますが、基本的な単語を一通り覚えたうえで難しい単語を覚えていくようにするほうが、勉強の効率はよくなります。ということは、やはり「誰もが知っておくべきレベル」の単語から順番に覚えていくことが得策です。

新聞や雑誌をネイティブと同じように読みこなせるレベルに必要な単語数は、約12000語と言われています。まずは、その中にある「使われる頻度の高いもの」から順番に覚えていくのです。

最初のステップとしては、大学入試レベルと言われる4000語くらいの単語は、単語帳で例文を丸ごと覚えるのが理想です。

単語単体ではなく例文とともに覚えると、単語が記憶に残りやすくなります。余裕があれば、一緒に掲載されている反対語や慣用表現、コロケーションなどもまとめて覚えるとよいでしょう。

この段階をクリアしたら、さらに語彙のストックの数を増やしていきますが、必要なことは**「使えないと困るレベル」なのか「意味を知っておけば十分なレベル」なのかを判断しながら覚えていくことです。**

たとえば、日本人の多くが薔薇《ばら》という漢字を読むことができますし、その意味も当たり前のように知っていますが、漢字で正しく書ける人の数はあまり多くはないでしょう。

同じように、意味だけ知っていれば十分な単語（受動語彙：読んだり聞いたりしてその意味がわかる単語）であれば、**文脈の中で推測し、それでもわからなければ意味を調べる、という勉強のしかたで十分です。**

受動語彙が１２０００語あれば、海外の雑誌も英字新聞もかなり楽に読めるようになっているはずです。

さらに、自分で英文を書くときに使うなど「使えるレベル」になる必要がある単語（能動語彙：話したり書いたりして使うことが可能である単語）ならば、**文章中でさらっと意味を覚えるだけではなく、辞書を引いてその単語の正確な情報をしっかりとインプットしましょう**。

ベーシックな辞書だけでなく、専門分野の用語辞典や時事関連の辞書など、用途に応じた辞書を活用すると、さらに理解を深めることが可能です。

おすすめの英和辞典を1冊挙げるなら、『コンパスローズ英和辞典』（研究社）を推薦します。

掲載されている語数は10000語を超えていて、大学入試に使えるのはもちろんのこと、TOEIC L&Rテストに頻出の約2000語がレベル別に掲載されているなど、あらゆる英語資格試験対策に必要十分なつくりとなっています。

例文も会話やライティングに使えるようなものばかりが掲載されているので、迷ったらこの英和辞典を手に取ってみてください。

おすすめの１冊

◎コンパスローズ英和辞典

赤須薫（編）、大西泰斗／ポール・マクベイ（「語のイメージ」監修）

：研究社

中級者～上級者の英単語・熟語の勉強法

ある程度の語彙力をすでにお持ちの人には、英英辞典や英英英単語を使った勉強を取り入れることをおすすめします。

英英英単語シリーズでは見出し語と例文の意味、そしてワンポイント解説に日本語を使用していますが、それ以外のところではすべて「英単語を英語のまま学ぶ」ことができるように構成されています。

では試しに、ＴＯＥＩＣ Ｌ&Ｒテストによく登場するmentorという単語を見てみましょう。

おすすめの１冊

◎英語を英語で理解する 英英英単語® TOEIC® L&R テスト スコア990
ジャパンタイムズ出版 英語出版編集部＆ロゴポート（編）、
濵﨑潤之輔（監修）：ジャパンタイムズ出版

音声-01

mentor

名 someone who provides guidance and teaching

≒ guide, advisor

mentorの意味を英語ですぐに説明できなくても、「メンター」という日本語なら知っているという人は少なくないと思います。では、「メンター」とはどういう人のことか、あなたなら日本語でどのように説明しますか。なんとなく、「指導役となる先輩社員で、後輩や新入社員の面倒を見る人のこと」だという感じのことは説明できるかもしれません。

ですが、テストではこのようなことをごちゃごちゃ考えている暇はありませんし、うろ覚えの日本語への変換はミスを生む危険もあります。

また、英語を日本語に訳してから考えるクセがつくと、〈英語➡日本語〉の変換を行う「コンマ数秒」の時間のロスが常に生じてしまいます。

こうしたことを防ぐためには、最初から単語を「シンプルで理解しやすい」最小限の長さの英語の定義、つまり**英英辞典で説明されているような定義で頭に入れればいいのです。**

それをふまえて、mentor の定義をもう一度見てみましょう。

mentor とはズバリ、someone who provides guidance and teaching（指導や教えを提供してくれる人）のことです。

こう理解しておくと、次のようなメリットがあります。

TOEIC L&Rテストの Part 3（会話問題）、Part 4（説明文問題）、そして Part 7（読解問題）では、問題文中にある正解のヒントとなる箇所で「具体的な」表現が使われ、それが選択肢では「抽象的な」表現に言い換えられている、というケースが多くあります。しかし、選択肢の表現が本当に「正解につながる箇所」の言い換えになっているのか判断に迷うことも少なくありません。

英英英単語シリーズでは**見出し語がテストの「問題文中に出てくる表現」となり、英語による定義が選択肢で行われる「言い換え」のヒントとなるケースが多く**、自信を持ってこのようなタイプの問題に対処できるようになります。

音声-02

例 Mr. Tanahashi is Mr. Nakashima's mentor.

訳 タナハシさんはナカシマさんのメンターだ。

上のような表現を含む問題文に対して、
What is suggested about Mr. Tanahashi?
（タナハシさんについてどんなことがわかりますか）
という問題が出題された場合、
He provides guidance for his colleague.
（彼は同僚に指導を与えている）
という選択肢があれば、これが正解になりえます。
定義にある provide guidance という表現を覚えていれば、かんたんですね。

また、TOEIC L&R テストでは、毎回、Part7（読解問題）に1～3問程度の「言い換え問題」が出題されます。

In the e-mail, the word "mentor" in paragraph 1, line 1, is closest in meaning to

（E メールの第1段落・1行目にある "mentor" にもっとも意味が近いのは）

(A) advisor　(B) doctor　(C) student　(D) mayor

このように、mentor が問題文の中でどのような意味で使われているのかを解答します。類義語を覚えていれば、正解が（A）の advisor であることは明らかです。

このタイプの本を使って学ぶ際のもっとも大きなメリットは、「極力日本語を排した状態」で学習を進められるところにあります。

本番のＴＯＥＩＣ Ｌ＆Ｒテストの問題には英語しか載っていません。本番で英語だけで作成されている問題を解答するのですから、普段学習するときもできる限りそれに近い状態で学習するに越したことはありません。

掲載されている類義語、対義語、そして見出し語にまつわるワンポイント解説まで、しっかりと読みこんでご自身の語彙力を高めてみてください。

記憶の停滞期を乗り切る

ある程度、英語の勉強を続けてきた人でも、「新しい単語やフレーズを覚えることができなくなってきた」と悩むことがあるでしょう。

英検1級の単語を覚えようとしているのであれば、英検準1級をすでに取得しているレベルにいるはずですし、TOEIC L&Rテストで900点以上を取るために必要な単語を覚えようとしているのであれば、すでにTOEIC L&Rテストで800点くらいは取得しているレベルにいるはずです。

多くの人は今までの学習経験から、自分なりの記憶法を持っているはずなので、それは変えなくて大丈夫です。

「覚えるための方法」に問題があるということは、実はほとんどありません。そのやり方で今まで多かれ少なかれ成果を出すことができているのですから。

それよりも、新しく覚えるべき単語やフレーズに対してこのような意識を持っていることが問題なのではないでしょうか。

「見たことがない単語ばかりで、覚えられる気がしない」
「これらの単語を覚えても、実際に使う機会などあるのだろうか」

このような「負の意識」がもしあるなら、まずはそれらを消し去りましょう。そして、単語を覚えることを今の生活の優先順位の中で第1位にしてください。

そのうえで、次の方法を試してみてください。

エクセルのA列に新しく覚えたい単語やフレーズを、単語集1冊分すべて打ち込み、B列にそれに対応する日本語を打ち込みます。

単語集1冊分すべてをエクセルに打ち込み終えたら、B列を非表示にし、A列の単語を見て意味を思い出し、C列にその意味を日本語でどんどん打ち込んでいくので

B列は非表示に

A	B
retire	退職する
educate	教育する
encourage	勧める
trade	取引する
produce	生産する
fix	修理する

単語やフレーズ　その意味

➡

A	C
retire	
educate	教育する
encourage	
trade	
produce	生産する
fix	修理する

意味を正しく打ち込んだら色をつける

す。

意味がわからなかった単語やフレーズは再度覚え直し、正しい意味が打ち込めた単語やフレーズにはマーカーで色をつけていきます。

色がついていない単語を覚え直し、再度確認のテストを同じように実施します。

これを何回も繰り返し、エクセルの列にどんどん色がついていくようにするのです。通勤・通学などの移動時間はずっとそれらの単語やフレーズの音声を聞き続けるようにしてください。

できれば英語と日本語の両方の意味が交互に流れてくる素材を使うのがベストで

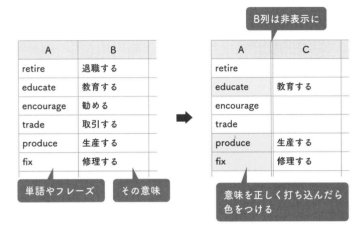

す。自動車通勤の方であれば声を出せるはずなので、単語集に付属している音声を車内で流して、英語、日本語を問わず声に出してシャドーイングするようにしてみてください。

人生はあまりにも短いのです。
とにかくやるしかないのです。
気合を入れていきましょう。

PART

3

文法の勉強法

ゴールがどこであっても、まずは中学英語の文法をマスター

文法の学習のセオリーは、どのレベルにいる人でも、まずは中学英語、中学で学ぶ英文法の勉強を一通りしっかりとやることです。

ＴＯＥＩＣ Ｌ＆Ｒテストや英検準2級より上の級では、高校1、2年生までで学ぶレベルの英文法も必要ですが、多くの資格試験や大学受験のために学ぶべき英文法の80パーセント以上は、中学で学ぶものなのです。

つまり、文法に関しては、どのレベルをめざすにせよ、まずは中学レベルの英文法の基礎を学びましょう。そのレベルの習得には、さして時間はかかりません。自分の現状のレベルにかかわらず、すぐに取り組んでください。

ただし、ＴＯＥＩＣ Ｌ＆Ｒテストや英検（準2級以上）では、問題を解くために

必要な文法知識はそれほど難解なものではありませんが、中学校・高校では習わないレベルの単語が使われている英文に遭遇するということを覚えておいてください。

中学英語を一通りやり直したいなら、以下の参考書・問題集をおすすめします。いずれの本も、短期間で体系的に必要なことを学べるつくりになっています。

①『改訂版 中学校3年間の英語が1冊でしっかりわかる本』（かんき出版）

②『中学校3年間の英単語が1ヵ月で1000語覚えられる本』（かんき出版）

③『中学校3年間の英語表現500が1ヵ月で覚えられる本』（かんき出版）

これらを学び終えたら、次の④を使って問題演習を積み重ねます。問題の演習を繰り返すことで、「学んだ知識」が「実践で使えるスキル」へと変化します。

④『改訂版 中学校3年間の英語が1冊でしっかりわかる問題集』（かんき出版）

これらを終えた時点で、英検であれば3級～準2級を狙える基礎力がつきますし、TOEIC L&Rテストであれば公開テストの平均点である600点強を狙うのに必要な文法の基本を身につけられるでしょう。

TOEIC L&Rテスト連続満点の秘けつは「英文法の強固な土台」

僕が**TOEIC L&Rテストで990点満点を継続して獲得できている理由の第一に「英文法を徹底的に学んだ」ことが挙げられます。**ただ、僕の場合は、TOEIC L&Rテスト対策のために英文法を必死に学んだわけではありませんでした。

きっかけは、TOEIC L&Rテストの存在すら知らなかった頃、偶然見かけたテレビ番組『ハートで感じる英文法』（NHK）に出演されていた大西泰斗先生の話に衝撃を受け、そこから大西先生の著書を読みはじめたことでした。

「未来形なんてない」……その言葉を聞いたとき、僕の全身をイナズマが駆け抜けました。goにはwentという決まった形、すなわち過去形が存在しますが、未来を表す決まった形、つまり未来形はありません。

未来を表す表現はwillとbe going toを使って表すことができますが、それぞれに対するネイティブの持つ感覚はまったく違い、willは「~する」という意志や「~するだろう」という推測、be going toは「ある事態に向かって状況が進んでいる真っ最中」を表す、ということをはじめて学んだのです。

「未来形のwillはbe going toに言い換えられる」と中学の頃に習っていた自分が受けた衝撃はすさまじく、それは僕がはじめて「英語っておもしろいんだな」と感じた瞬間でもありました。

1冊読んではまた次の1冊、ということを繰り返し、ついには著書だけでなく、大西先生が出されている音声講義入りのCDやテレビ放送のDVDまで、市場で手に入るものはすべて読破・視聴しました。

大西先生との出会いのおかげで「英語って本当におもしろい」という純粋な好奇心を原動力に、僕は英文法を習得することができたのです。本当に幸運でした。

本書を読んでいる人のうち、すでに英語の資格試験に取り組んだことがある人にお聞きします。英文法に対する自信は、どれくらいありますか。

おすすめの1冊

左 ◎総合英語 FACTBOOK これからの英文法［NEW EDITION］
大西泰斗、ポール・マクベイ：桐原書店

右 ◎一億人の英文法
——すべての日本人に贈る「話すため」の英文法
大西泰斗、ポール・マクベイ：ナガセ

もし、胸を張って「英文法には自信があります」と言えないのなら、TOEIC L&Rテストや英検などに特化した勉強からいったん離れ、すぐに大西先生の書籍を読み、完全に理解することを強くおすすめします。

英文法は「英語学習の土台」です。

大西先生の著作すべてを読むのは時間的に難しいというのであれば、『総合英語FACTBOOK これからの英文法［NEW EDITION］』（桐原書店）、『一億人の英文法』（ナガセ）のいずれかだけでも構いません。「すべての内容が全身に染みわたった」と感じることができるまで、何度も通読してみてください。

そうすれば、必ずやあなたの英語力は飛躍的に上昇し、夢に手が届くようになるでしょう。通勤通学時、会社の就業前、大学の休み時間、会社のお昼休み、駅で電車を待っている間など、すべての時間を読書にあてるのです。

PART

4

読解の勉強法

瞬時に意味を言える英文の数を増やす

僕は中学の頃は街の空手道場に、高校からは学校の空手部（沖縄剛柔流）と並行してフルコンタクト空手（芦原空手）の道場に通っていました。道場では、型や突き、蹴りなど、同じことを何回も繰り返し、空手の基本を徹底的に、体に覚えさせるような練習をしていました。

正拳突きという技があります。

技は、正しいやり方を知らないと、力が十分に入りません。

正拳突きは、背中を押されているようなイメージで、拳を外から内に捻り込むように意識して背中を使って突くと、拳が対象に当たったときに関節がすべて真っすぐになります。そうしてはじめて、人差し指と中指のつけ根に一番力が入り、最大の力を生み出すのです。道場では、この動作をまずは言葉で説明されて、「ああ、こうやるのか」と理解してから、同じ突きの型を何回も繰り返し練習します。

これを毎日続けると、何も考えなくても基本的な正しい突きができるようになります。


英語の勉強もこれと同じです。単語を100個覚えるとします。

まずは100個の単語の意味を、1単語につき1つ覚えます。

基本的な意味を覚えたら、それぞれの単語が持つ違う意味も覚えていきます。

たとえば address という単語の基本的な意味「住所」を覚えた後、「演説」という意味もあることを学びます。さらに address the issue という表現に出合い、address には「~に対処する」という意味があることを知っていくというイメージです。

まず基本をおさえ、そこに新たな知識が加わることで、語彙力が膨らんでいきます。

まずは基本の徹底をすること。

基礎がしっかりとできてこそ、その後の勉強に「膨らみ」が出てくるのです。

よく「英語を英語のまま理解するようにしてください、訳さないようにしてください」とアドバイスされることがありますが、初級者のうちはそんなことはとうてい不可能です。文中の一つひとつの単語の意味がすべてわかり、正しく英文を読むために必要な文法を理解してはじめて、英語を英語のまま理解できるようになります。

試験本番では、英文を読むときにいちいちすべて和訳している暇はありません。では、どうやって日本語を思い浮かべずに英文を理解できるように練習すればいいのか、手順を説明していきますね。

練習では、**まずは英文を見てすぐに意味が言えるようになりましょう。**

それができるようになったら、あとはひたすら英文を読んで理解して、**日本語を思い浮かべずに頭の中で内容を理解できるようにしていきます。**

瞬時に英日訳ができる英文を増やしていく、ということが大切なのです。

瞬時に英文を日本語に翻訳できないものは、英文を英語のまま理解することはできません。焦らず、単語の基本の意味から土台を固めていきましょう。

ブレーキを外して英文の読解速度を上げる

英文の読解速度を上げるには、**同じ英文を繰り返し読むことによって、スピードが乗った状態で英文を読む感覚を身につけることが有効です。**

「スピードがつく」ということは、実は「ブレーキが外れる」ことと同じなんです。

たとえば、「今日から高田馬場にある大学まで通わなければならない。大学までは、電車を3回乗り継ぐ」となったとき、

「どこの駅で降りるんだっけ、大泉学園か。大泉学園から何線だっけ、西武池袋線だ。西武池袋線のどっちのホームだっけ、上りの1番線か。どこで降りるんだっけ、池袋だ。池袋ではどっちの出口から出ればいいんだっけ……」

と、行程の中にはいくつもの「ブレーキ」となる場面が存在します。
ですが、1カ月もすれば無意識に体は動き、最短で大学まで到達できるようになります。

読解速度を上げることは、大学にたどりつくまでに1時間30分かかっていたのが、1カ月後には無意識に1時間弱という最短の時間で行けるようになるのと同じです。英文に登場する単語の意味と発音をすべて知っているか、文法事項を理解できているか、その英文と似た英文を読んだことがあるかなどの要因が、読むスピードに影響を与えるのです。

もうおわかりですね。英文をすらすら読めるようになるには、ブレーキとなっている障壁を、一つひとつ取り除いていけばいいのです。

英文を読むときのブレーキは、単語、文法、そして英文をたくさん読むことに対する「英文に臆する気持ち」です。

これらのブレーキを外せば、英文を読むスピードは自然と上がっていきます。

そのために必要なのは、結局「繰り返すこと」なんです。

繰り返し同じ問題を解くことをおすすめすると、「この問題集はすでに1回解いたので、このリスニングの問題の答えがA、B、Bだとわかっているんです、もう一度同じ問題をやる意味はありますか」と言う人がいます。

そこで、「では、今から解いてみてください。前のトークが終わったところから音声を流しますので、設問選択肢の合計15個をすべて30秒で理解できますか？　どこでトークの音声を止めても、何と言ったかわかるくらい理解できていますか？」と質問すると、「それは無理です」となる人がほとんどです。

リスニングができるというのは問題が解けるというだけではなく、**すべての英文の意味が理解できて、設問も答えの選択肢もなぜそうなるのかが、全部わかること。どうしてそれが正解なのかをきちんと説明できるということ**なのです。

はじめて出合う問題にも確実に対応するためには、それができていないと話になりません。取り組んだ問題のすべてのリスニング音声が理解できて、どのセンテンスの意味を聞かれても「それはこういう意味です」と答えられることをめざしてください。

リーディングに関しても、同じことが言えます。**英文のどの部分に関しても「これはこういう意味です」とすべて躊躇《ちゅうちょ》なく答えられること**がゴールになります。

ゴールにたどりつくためには、同じ練習を反復するしかありません。

何度も同じ問題に取り組み、その問題の英文のすべてをきちんと説明できるようになると、初めて見る問題でも「これはこういうタイプの問題か」と判断でき、少しずつ本番でも問題が理解できる、正解を選ぶことができるようになっていくのです。

スラッシュリーディングを取り入れよう

ここからは、英文を読むための基本戦略となる「スラッシュリーディング」を説明します。

問題文を読む際は、きれいな日本語に訳してはいけません。

英語と日本語は語順がまったく異なるので、きれいな日本語に訳しながら読もうとすると、どうしても後ろから前に返り読みをしなくてはならなくなり、余計な時間がかかってしまいます。わかりやすいように、次のページで、「日本語の語順に直して理解する」パターンと、「英語の語順のまま理解する」パターンを紹介します。英文の内容は、ホテルの客室に書かれている文言です。

どちらのほうが速く読めるでしょうか。

音声-03

例 **If you wish towels to be replaced during room cleaning, please place used towels on the bathroom floor.**

「日本語の語順に直して理解する」パターン

訳 もしあなたが部屋の清掃中にタオルの交換を望むのであれば、バスルームの床に使用済みのタオルを置いておいてください。

このようなきれいな日本語に訳して理解した場合、英文を以下の順序で読むことになります。

① If you / ⑤ wish / ③ towels / ④ to be replaced / ② during room cleaning, / ⑧ please place / ⑦ used towels / ⑥ on the bathroom floor.

この読み方だと、英文を左から右に読み、また左に戻るというのを繰り返すため、すでに読む必要のない部分の上に複数回にわたって視線をやる必要が出てきてしまいます。

「英語の語順のまま理解する」パターン

訳 もしあなたが / 望むなら / タオルの / 交換を / 部屋の清掃中に / 置いておいてください / 使用済みのタオルを / バスルームの床に

英語の語順のまま理解したため、英文を以下の順序で読むことになります。

① If you / ② wish / ③ towels / ④ to be replaced / ⑤ during room cleaning, / ⑥ please place / ⑦ used towels / ⑧ on the bathroom floor.

英文を左から右へと一方通行で理解することができるため、返り読みを避けることができます。同時に「きれいな日本語訳を作ろう」という作業もしなくてよくなるため、よりスピーディーに英文を読解することができるようになります。

スラッシュリーディングができるようになると、リスニング力も格段にアップします。なぜなら、リスニングは英語を語順通りに理解する必要があるので、まさにスラッシュリーディングと同じことをリスニングでは行っているからです。

リスニングの読解力を伸ばすためにも、ぜひスラッシュリーディングを身につけてください。

それでは、次のページから、スラッシュリーディングをするときの手順と、その土台となる文法の知識を説明していきます。

スラッシュリーディングの手順

例 If you wish towels to be replaced during room cleaning, please place used towels on the bathroom floor.

スラッシュリーディングでは、この文を、まず「文の要素」で区切ります。

①主語

その文の中心となる名詞のことです。本書では the bathroom floor のような名詞句（名詞のカタマリ）も名詞とよびます。**主語の後ろで英文を区切ります。**

②動詞

述語の先頭となり、主語の説明をします。本書では動詞、現在完了形の have ＋過去分詞、助動詞＋動詞の原形、動詞＋不定詞、be 動詞＋現在分詞、受動態などの動詞句（動詞のカタマリ）も動詞と表しています。**動詞の前後で英文を区切ります。**

③目的語

動詞の動作の対象となる名詞のことです。**目的語の前で英文を区切ります。**

④補語

主語や目的語を説明する名詞や形容詞のことです。**補語の前で英文を区切ります。**

①～④の「文の要素」の前後で上記の英文を区切ると、以下のようになります。

If you / wish / towels to be replaced during room cleaning, please place / used towels on the bathroom floor.

文の要素の前後で区切るだけで、英文が前から読みやすいものになりました。さらに、次の要素でも区切っていきます。

⑤接続詞の前　**⑥関係詞の前**　**⑦前置詞の前**
⑧時を表すカタマリの前後（前置詞からはじまるカタマリと重複します）
⑨場所を表すカタマリの前後（前置詞からはじまるカタマリと重複します）

If you / wish / towels / to be replaced / during room cleaning, / please place / used towels / on the bathroom floor.

これで以下のように英文を前から順番に理解していくことができるはずです。

訳 もしあなたが / 望むなら / タオルの / 交換を / 部屋の清掃中に / 置いておいてください / 使用済みのタオルを / バスルームの床に

スラッシュリーディングの準備が整いました。では、次にやるべきことの手順を説明します。

↖ 左ページ上に続く

STEP 1 英文の意味を左から右に、区切られた順番通りに言ってみる

例 If you / wish / towels / to be replaced / during room cleaning, / please place / used towels / on the bathroom floor.

訳 もしあなたが / 望むなら / タオルの / 交換を / 部屋の清掃中に / 置いておいてください / 使用済みのタオルを / バスルームの床に

訳せない部分は、辞書や参考書などを使って意味を調べます。**英文のどの部分を指されても「英語を見た瞬間に日本語訳が言える」ようにしてください。**さらに、次の要素を確実にクリアするようにします。

・わからない単語や語句（フレーズ）を調べる
単語は意味、品詞、発音をセットで理解し、使い方（例文）まで確認するのが理想です。

・時制を意識する
現在形、過去形、未来を表す表現、それらの中にある進行形や完了形など、何が使われているのかを意識します。

・態《たい》を意識する
能動態（～が…する）なのか受動態（～が…される）なのかには、常に注意を払うようにします。

・代名詞がある場合には、それが何を指しているのかを意識する
代名詞は短くかんたんな単語ばかりなので軽視しがちです。それが「何を指しているのか」を常に意識します。

・修飾語句と被修飾語句の関係を認識する
英文中のどの部分がどの部分を修飾しているのかを意識して理解します。

・関係詞がある場合には先行詞と関係詞節を認識する
先行詞（名詞）とそれを説明する関係詞節の組み合わせを、意識して認識するようにします。

STEP 2 英文を音読する

英文を見て、お手本となる音声を聞きながら、音声と同時に英文を音読します。**できる限り音声の真似をすることを心がけてください。**音声を聞きながら（ヘッドホンやイヤホンを使うことを推奨します）、まずは10回連続で同じ文を音読してください。

STEP 1 の段階で「読んだ瞬間に英語を日本語に訳せる」英文を用意し、その英文をお手本となる音声通りに音読することにより、「英語を英語のまま、英文を左から右へと理解できる」ということがどういうことかを実感できるはずです。

音読する回数は「1つの英文につき100回」を、まずは目標としてください。

1日10回同じ英文を音読するのであれば、それを10日間続けるようにします。

1日20回同じ英文を音読するのであれば、それを5日間続けるようにします。

こうして「英語のまま日本語を介さずに理解することができる」英文が自分の中にストックされていきます。


初見の英文を英語のまま理解できるかどうかは、ストックしている英文の数と比例します。英語のまま理解できる英文のストックを増やすことで、知っている単語や語句が増え、理解できる構文の数が増え、類似したパターンの英文を即座に理解する力が培われていきます。焦らず着実に、一つひとつ英文をモノにしていきましょう。

おすすめの1冊

左 ◎高校の英文読解が1冊でしっかりわかる本
肘井学：かんき出版

右 ◎大学入試 関正生の英語長文プラチナルール
関正生：KADOKAWA

ブレーキを一つひとつ外して音読する

テストを最後まで解ききれないことに悩んでいるのなら、読解スピードを落とす原因＝ブレーキを一つひとつ外していきましょう。英文を読む上でブレーキになるのは、以下のような要素です。

・単語の意味や発音、品詞がわからない
・文法知識が足りず、単語や語句の意味がわかっても英文の意味が理解できない

これらを克服するためには、TOEIC L&Rテストの Part 7の文章が役に立ちます。

まずは単語と文法について、わからない部分を調べて文章全体の意味を理解してください。次に、その文章を１００回以上音読しましょう。

一度に１００回音読してもいいですし、１日20回×5日間、１日10回×10日間で達成するようにしても構いません。

「英語を英語のまま理解できる」英文を、最高のスピードで１００回以上音読し終えれば、その英文は自分の「ストック」となります。このストックがどれだけ自分の頭の中に持てるかがカギなのです。

リーディング力をアップさせるさまざまな練習法を、ここまでにいくつか紹介してきましたが、ここからは初級者～中級者が手軽に着実にリーディング力をアップできる方法をご紹介します。

おすすめの１冊

◎ TOEIC® L&R テスト 究極のゼミ Part 7

ヒロ前田：アルク

初級者～中級者向け　リーディング力アップトレーニング

STEP 1　英文の日本語訳を読んで確認します。

音声-04

例 Natsumi uses this pen every day.

訳 ナツミは毎日このペンを使います。

STEP 2　英文と日本語訳を交互に声に出して読みます。それぞれ30回ずつ繰り返して読んでください。

Natsumi uses this pen every day.　ナツミは毎日このペンを使います。

Natsumi uses this pen every day.　ナツミは毎日このペンを使います。

Natsumi uses this pen every day.　ナツミは毎日このペンを使います。

⋮

STEP 3　英文だけを30回繰り返して読みましょう。

Natsumi uses this pen every day.

Natsumi uses this pen every day.

Natsumi uses this pen every day.

⋮

この時点で、英文を読むだけで（日本語訳を見ないで）意味が理解できる状態になっているはずです。

GOAL　「読んで理解できる」＝「英文を読みながら同時にその意味がわかる」

「読んで理解できる」文のストックが増えるにつれて、英文を「日本語訳を頼りにしないで」英語のまま理解するために必要な基礎力がつきます。

PART 5

リスニングの勉強法

1-1 リスニングができるようになるということ

「リスニングができる」とはどのような状態かというと、**「英語の音声を聞いて、瞬時にその英文の意味を、日本語を介さずに理解できる」という状態**です。

それには、当然ながら「（その）英文を読んで理解できる」ことが必要です。

僕たち日本人学習者の多くは「音」よりも先に「文字」で英語を学んでいることが多く、「読んで理解できない英文は、聞いても理解できない」場合がほとんどだからです。

「英文を細部まで正確に聞き取ることができ、音声を聞き終えた時点で文の意味を完璧に理解できる状態」をめざすために必要なことを、これから順を追って確認していきましょう。

リスニングのトレーニング前にやるべきこと

例 Some boxes are being stacked in front of the warehouse.

この例文が、音声つきの参考書に載っていたとします。

この英文を題材に、まずは「リスニングのトレーニング前に必ずやるべきこと」を紹介します。

STEP 1 単語・語句の確認

英文中に知らない単語や語句があれば、まずはそれらを洗い出して確認することからはじめてください。

単語は「**意味**」「**品詞**」、そして「**発音**」を、参考書に掲載されている解説や辞書、Web などを利用して必ず確認してください。電子辞書には、**単語の発音の音声**が収録されているものもあるので、ぜひ活用しましょう。

これを日々コツコツと積み重ねていくことにより、語彙力が少しずつ養成されていきます。

例 warehouse

意味：倉庫　　品詞：名詞　　発音記号：wéərhàus

STEP 2 文法事項の確認

単語と語句の確認を終えたら、次は文法事項の確認です。

たとえば、例文中にある are being stacked の意味がわからなければ、現在進行形と受動態（受け身）の項目を、文法の参考書などを利用して理解する必要があります。

参考書の解説に書かれている**文法項目を指す言葉の意味を理解し、人にかんたんに説明できるくらいになること**を目標にしてみてください。

上記の例文が掲載されている参考書や問題集には、「受け身の進行形」や「受動態」「現在進行形」というような説明がついているはずです。

STEP 3 文の意味の確認

単語と語句、文法事項をすべて確認・理解することができたら、その英文の意味を正確に理解できる状態になっているはずです。英文を声に出して読み、英文を音読した直後にその意味を日本語で言えるようにしてください。つまり、**英文を音読し、すぐにその意味を日本語で音読する**のです。英文の意味をつかむときは決して返り読みをしないで、英語の語順で前から順番に理解しようとすることが大切です。

Some boxes / are being stacked / in front of the warehouse.

訳 いくつかの箱が / 積み重ねられているところだ / 倉庫の前で

このように、**はじめのうちは主語と動詞（句）、修飾語句で区切り、その順番で前から理解する**とよいでしょう。何回も同じ英文を読む練習を重ねていくと、これらの区切りを意識することなく自然と文の意味が理解できるようになります。

STEP 4 英文と音声を合わせる

英文の意味を理解できたら、その**英文を見ながら音声を聞いてみましょう。ネイティブがどのように読むのかを学ぶことができます。**

音声-05

例 **Some boxes are being stacked in front of the warehouse.**

さらに、音声を聞きながら英文を音読することにより、リスニング力だけでなくスピーキング力の基礎も鍛えていくことができます。

STEP 5 音声を聞いた直後に日本語でその意味を言ってみる

英文を見ず、音声だけを聞いて瞬時にその英文の意味を言えるようにしましょう。ここまでできるようになれば、この英文に対する理解度に関してはひとまず合格点です。

リスニングの力をつけたいなら、１つの英文に対して１００回音読することをおすすめします。一度に１００回連続で同じ英文を読む必要はありません。毎日10回×10日間でもよいですし、20回×５日間でも構いません。

同じ英文を１００回音読し終える頃には、日本語を意識することなく英文を英語のまま理解できるようになっていることに気がつくはずです。

次に、ＳＴＥＰ１〜5をクリアした英文を使ったトレーニング方法を紹介します。いずれもリスニング力を高めるために非常に効果的なものばかりです。

リッスン・アンド・リピート

英文を聞いた直後に同じ英文を声に出して言ってみるトレーニングです。

やり方

(1) 音声を聞き、英文を記憶します。

音声-05

例 **Some boxes are being stacked in front of the warehouse.** （ここでポーズ）

(2) 記憶した英文をできる限り音声の真似をするようにして読み上げます。
あなた：Some boxes are being stacked in front of the warehouse.

リッスン・アンド・リピートのメリット

1. 英文の発音をより正確に覚えられる

ネイティブが話す音声から正しい発音・英文の読み方を学ぶことにより、**英文を聞き取る精度が上がります。**自分で正しく発音できる英文は、そうではない英文よりもはるかに聞き取りやすくなるからです。

2. 英文中で聞き取れていない部分がわかる

聞き取れていない部分の発音は、どうしてもあいまいになってしまいます。自分の聞き取りの弱点がどの部分かを認識できれば、**その部分を何度も聞いて声に出してリピートすることで、聞き取りの弱点を克服できます。**

3. 音声の連結（リンキング）・脱落（リダクション）を学べる

個々の単語の持つ音は、英文の中で発音されるものとは変わる場合があります。これは音声の連結や脱落が行われるためなのですが、リッスン・アンド・リピートを行うことによってリンキングやリダクションを自然に学ぶことができるため、**英文を聞き取る力が向上するだけでなく、より正確な発音で話すことができるようになります。**

4. リテンション力（記憶保持能力）・音に対する集中力が上がる

ネイティブが話す音声をより正確に自分で再生しようとすればするほど、**音に対してより精度の高い記憶力と集中力が要求されます。**リッスン・アンド・リピートのトレーニングを繰り返すことにより、自然とこれらの力を高めていくことができるようになるのです。

音読筆写

英文を音読しながらノートなどにそれを書き取るトレーニングです。

やり方

(1) お手本となる英文を見て、音読しながら英文を10回書き取ります。
Some boxes are being stacked in front of the warehouse.
Some boxes are being stacked in front of the warehouse.
Some boxes are being stacked in front of the warehouse.
⋮

(2) 英文を見ずに、記憶を頼りに音読しながら英文を10回書き取ります。
Some boxes are being stacked in front of the warehouse.
Some boxes are being stacked in front of the warehouse.
Some boxes are being stacked in front of the warehouse.
⋮

(3) (2) で書いた英文が (1) で書いたものと同じように書けていれば終了です。
間違えている部分があれば (1)～(2) の順に再度練習し直してください。

音読筆写のメリット

1. 英文を記憶に残しやすくなる

五感を動員するトレーニングなので、**英文がより記憶に定着しやすくなります。**

2. 語彙力・ライティング力が上がる

単語やフレーズを正確に書くことが要求されるトレーニングなので、**語彙力を高められる**だけでなく、正しい英文を何回も繰り返し書き出す過程で、**ライティング力も向上させることができます。**

次のページで紹介するディクテーションが難しいと感じる場合は、まずは音読筆写を繰り返し行うようにしてみてください。

ディクテーション

音声を聞いた直後に英文を書き取るトレーニングです。

やり方

(1) 音声を聞き、英文を記憶します。

音声-05

例 Some boxes are being stacked in front of the warehouse. （ここでポーズ）

(2) 記憶した英文を書き取ります。

あなた：Some boxes are being stacked in front of the warehouse.

ディクテーションのメリット

1. 英文中で聞き取れていない部分を明確に認識できる

リッスン・アンド・リピートのメリットと同様です。

2. 文法の読解力が上がる

聞き取れている部分を書き取ることにより、**聞き取れなかった部分を文法の構成から推測して判断する力がつきます**。文法の読解力はリスニングを助ける下支えになるのです。

3. 語彙力・ライティング力が上がる

音読筆写のメリットと同様です。

4. リテンション（記憶保持）能力・集中力が上がる

リッスン・アンド・リピートのメリットと同様です。

おすすめの１冊

◎カラー改訂版 CD 付 世界一わかりやすい英語の発音の授業
関正生：KADOKAWA

シャドーイングでリスニング力を磨く

リッスン・アンド・リピート、音読筆写、そしてディクテーションという、リスニング力を向上させるトレーニングを3つ紹介しましたが、さらにリスニング力を磨く方法として、ここではシャドーイングというトレーニングを紹介します。

シャドーイングは、**自分の声を聞こえてくる音声から少しだけ遅らせて（英語の音声に）後ろからついていくように音読をするトレーニングです。**この練習を繰り返すことにより、英語の語順のまま英文を理解する習慣も身につけることができます。

題材は、はじめのうちはTOEIC L&Rテストの Part 3（会話問題）や

シャドーイングのやり方

STEP 1　英文のスクリプトとその日本語訳を読み、内容を理解します。必要であれば単語・語句、文法事項、文意の確認を行います。

STEP 2　音声を聞きながら、それを真似しつつ英文を何回か読みます。

英文を見つつ音声を聞きながら、音声と同じように英文を読むことができるようになるまで繰り返し音読します。

STEP 3　英文を見ずに音声を聞きながら発声します。

このとき自分の声を少しだけ遅らせて音声に後ろからついていくようにします。これがシャドーイングです。

Part 4（説明文問題）、英検のリスニングの問題などを使うことをおすすめします。

まずは30～40秒程度の長さの1つの会話やトークを100パーセント完璧にシャドーイングできるようになることをめざしましょう。1つの会話文のシャドーイングを完成させるのに、はじめのうちは数日から数週間かかるかもしれません。ですが、1日に10～15分程度でよいので、完璧なシャドーイングができるようになるまで地道にコツコツと練習を重ねてみてください。

スマホやICレコーダーなどに自分がシャドーイングしている音声を録音し、その音声を聞いて英文と照らし合わせてください。うまくシャドーイングができていない部分を蛍光ペンなどで塗り、その部分はとくに念入りに何回も何回も音読練習を重ねてみてください。

STEP 1~3を経て、完璧にシャドーイングできる会話・トークのストックを増やしていきましょう。**シャドーイングを繰り返し行うことで、英語の音声のスピードとリズムを頭に覚え込ませることができ、英文の意味を語順通りに理解することができるようになります。**

練習する際にはポータブルオーディオプレーヤーやスマートフォンと、ヘッドホンやイヤホンを使うことをおすすめします。そうすれば聞こえてくる音声が自分の声でかき消されることがないため、スムーズにシャドーイングの練習に取り組むことができます。

音声をできる限り忠実に真似するようにし、英語の語順のまま英文の意味が理解できるようになるまで同じ英文のシャドーイングを繰り返すようにしてください。

シャドーイングの練習を続けていくと、英文を返り読みせずに読み進めていく力がつくので、英文をより速く読むことができるようになることも期待できます。

シャドーイングを行う際に使う教材は、TOEIC L&Rテストや英検の問題の音源を使ってもよいですし、音声とスクリプトのあるものであれば、好きな教材で練習するのが一番やる気も出てよいと思います。

おすすめなのは、52ページでも紹介した月刊誌『CNN ENGLISH EXPRESS』（朝日出版社）です。

基礎編、中級編、そして上級編からなる3つのレベルの学習コンテンツが掲載されており、基礎編には30秒程度の短めのニュースをナチュラルスピードとゆっくりスピードで読み上げている2種類の音声がついています。初級者でも安心してシャドーイングのトレーニングに取り組めます。

中級編では3分前後の長めのリポートの素材を、上級編では5分程度のインタビューや討論番組の素材を使ってトレーニングを行うことができます。

シャドーイングを100パーセントに仕上げよう

「究極の英語学習法 K／Hシステム」という、リスニング力をアップさせるための参考書シリーズがあります。僕は以前、その本で提唱されている「100パーセントシャドーイング」という学習法で、TOEIC L&Rテストの公式問題集のリスニングセクションのトレーニングに日々取り組みました。

K／Hシステムとは、国井さんと橋本さんという二人の開発者のイニシャルから名付けられたトレーニング方法です。「100パーセントシャドーイング」ではどのようなことをするのかというと、まず、教材となる英文の予習をします。

これからシャドーイングをする英文にある単語や熟語などの意味をきちんと確認しながら英文を読み、英文全体の内容を理解します。そのうえで、英文を見ずに音声だ

おすすめの１冊

◎究極の英語学習法 はじめての K/H システム
国井信一、橋本敬子：アルク

けを流し、音声に少しだけ遅れる感じで聞こえた英文を声に出していきます。このとき、自分の声をスマホやＩＣレコーダーなどで録音しておくことが大切です。

次に、録音した自分の声を聞きながら英文のスクリプトを確認し、きちんと読めていない部分を蛍光ペンなどでマークします。

「ａやtheなどの冠詞が抜けている」「単語を間違って発音している」「読み飛ばしている」など、元の文の通りに読めていない部分をすべてチェックします。

流れてくる音声に合わせて英語を声に出すだけのシャドーイングだと、なんとなく「うまくシャドーイングができている」気分になってしまうことが少なくありません。ですが、**録音した自分の音声をチェックしてみると、驚くくらい英文を読めていないことに誰しも愕然とするものです**。

Ｋ／Ｈシステムのやり方で自分のシャドーイングをチェックすると、正確にできていないことが明らかになります。少なくとも僕の場合はそうでした。

僕がシャドーイングの素材にしていたＴＯＥＩＣ Ｌ&Ｒテストの Part ３は、１セット分の会話が30〜40秒ほどの長さなのですが、最初のうちは10〜20カ所ほど、正しく英文を読むことができていない部分が浮き彫りになりました。ちなみに当時のＴＯＥＩＣ　Ｌ＆Ｒテストのスコアは８６０点でしたので、決してリスニング力が低いレベルにいたわけではありません。

音声を正確に再現できていない部分をすべて確認したら、次は、英文を見ながら全文を音読し直します。

お手本となる音声を聞きながら、英文を正確に読めるまで何度も音読の練習をして、「よし、もうこれで次こそは大丈夫、完璧にシャドーイングすることができるはず」と思えるようになったら、再チャレンジの資格を得たと思ってください。

つまり、もう一度録音をしながらシャドーイングをするのです。

そして、録音した音声を英文と突き合わせ、きちんと読めていない部分をチェックする。これを全文完璧に正確に声に出して読めるようになるまで、何回も繰り返し練習します。このサイクルを、間違いがゼロになるまで何度も何度も繰り返すのです。

間違いがゼロ、つまり、１００パーセント完璧なシャドーイングができるようになるまで練習するため、この練習法は「１００パーセントシャドーイング」とよばれて

100パーセントシャドーイングのやり方

STEP 1 音声を流してシャドーイングを行う（自分の声を録音する）

STEP 2 録音した自分の声を聞きながら英文を読み直し、正確に読めていない部分をチェックする

STEP 3 音声と英文を参考にしながら（チェックした部分はより意識して丁寧に）英文を何度も音読する

STEP 4 STEP 1に戻ってシャドーイングを行う

STEP 5 1つも間違えることなくシャドーイングをすることができたら、その英文は合格です

います。これは非常に効果を期待できるトレーニング方法なので、ぜひ、チャレンジしてみることをおすすめします。

僕の場合は100パーセントシャドーイングをはじめた当時、1日約15～20分を練習時間としてあてていました。

TOEIC L&RテストのPart3の英文であれば、1つの会話が30～40秒前後の長さなのでそれほど長くはありません。ただ、シャドーイングの精度を「100パーセント」にまで高めていくのが本当に大変なのです。

そこに到達するには個人差があるとは思いますが、僕の場合は、はじめた頃は1つの会話を100パーセントに仕上げるのに2、3週間はかかっていました。「よし、今回こそいけるぞ」と思って挑戦しても、録音を聞いてみるとなかなか100パーセントになっていないことが多いのです。非常に大変なトレーニングではありましたが、これをやったことで僕のリスニング力はすさまじく伸びたと実感しています。**音声に対する集中力が格段にアップし、問題に正解するためのカギとなる情報を一切聞き漏らすことがなくなりました**。当時、TOEIC L&Rテストのスコアは停滞していたのですが、これがきっかけでリスニングセクションでは満点の495点を当たり前のように何回も、何十回も取ることができるようになったのです。

本格的にこの100パーセントシャドーイングに取り組んでみたいと思った人は『究極の英語学習法 はじめてのK/Hシステム』（アルク）を購入して実践してみてください。さらに上をめざす人には、以下の本もおすすめです。

基本編と書かれていますが、TOEIC L&Rテストで700〜900点レベル、英検2級〜準1級レベルの人にちょうどいいくらいの難易度の本です。

おすすめの1冊
◎究極の英語学習法 K/H システム 基本編
国井信一、橋本敬子：アルク

初級者が手軽にできるリスニング力アップトレーニング

リスニング力をアップさせるさまざまな練習法を、ここまでにいくつか紹介してきましたが、ここでは初級者〜中級者の方が手軽にリスニング力をアップできる方法をご紹介します。

音声が付属している参考書や問題集であれば、どのような教材でも行うことが可能です。ぜひ試してみてください。

おすすめの１冊

◎改訂版 中学校3年間の英語が1冊でしっかりわかる問題集
濵﨑潤之輔：かんき出版

初級者向け　リスニング力アップトレーニング

①文字と音と意味を一体化させる

STEP 1

英文を目で追って読み、すぐに文の意味（日本語訳）を確認します。発音がわからない表現がある場合には、自分なりの読み方で読んで大丈夫です。

音声-06

例 **One of the women is looking at the monitor.**

訳 女性の1人はモニターを見ているところです。

STEP 2

音声を聞いて英文を「音」で理解します。

STEP 1 では文字だけを頼りに英文を読み、その英文の意味を確認しました。STEP 2 では音声を聞きながら文字を読み、その英文がどのように発音されるのかを確認してください。

音声

例 **One of the women is looking at the monitor.**

この時点で「文字」と「音」と「意味」が一致し、文字からでも音からでも英文の理解をすることができる状態になります。

STEP 3

英文を見ながら音声を聞くことを10回繰り返します。可能であれば、音声を聞きながら同時に音読も行ってください。

音声

One of the women is looking at the monitor.
One of the women is looking at the monitor.
One of the women is looking at the monitor.
⋮

GOAL **「聞いて理解できる」＝**
「英文を音声で聞いた瞬間に意味がわかる」

英文を、文字を見ずに音だけで内容を理解できるようになるために必要な基礎力がつきます。

PART

6

英会話の勉強法

オンライン英会話をペースメーカーにする

英会話は、独学で進めていける部分が大きいですが、初級者のうちはかんたんな単語を使った同じ表現ばかりを使ってしまったり、似た意味の単語の使い分けがわからなかったりするケースが出てきがちです。ある程度自分の言いたいことが相手に伝わるようになったからといってそれに甘んじず、**人との関係性やTPOに合った表現を使えるようになれば、英語で行うコミュニケーションはもっと楽しくなります。**

しかし、テキストだけでの勉強では、語句のニュアンスを理解したり、バリエーションを増やしたりする過程でどうしても時間がかかります。日本語訳に頼って英文の内容を理解しようとすると、その英文の持つニュアンスを誤解して覚えてしまうというデメリットもあります。

たとえば、よくあるのが had better と should の持つニュアンスの取り違えです。had better は「～したほうがいい」、should は「～すべき」と訳されるので、なんとなく should のほうが強い表現だと思われがちですが、実際はその逆なのです。「～しないとトラブルになるかもしれない」という状況では had better が適切です。should は「～したほうがいいかも」というやや軽いニュアンスを持っています。

このように、文字で書けば頭では理解できても、その単語やフレーズをどのような場面で使うのがふさわしいのか自信が持てない、ということは少なくありません。ネイティブの講師に直接教えてもらえるのが一番いいのですが、時間や費用に制限があると難しい面もあります。そこでおすすめしたいのが、オンライン英会話です。

20～30分程度の短いレッスンを活用し、自分が使うことのできる表現を効率的に増やしていくことができます。オンライン英会話を利用するときは、次のことを意識してレッスンに臨むようにするとよいでしょう。

①Ginger Pageで表現の予習をする

いきなりオンライン英会話のレッスンに入るのではなく、ちょっとした予習をしておくことをおすすめします。

Ginger Pageという無料サービス（ブラウザ、アプリで利用可）では、入力した英文が正しいかどうかをチェックしてくれるだけでなく、使いたい表現を入力すると、同義のバリエーションを表示してくれるRephraseという機能が搭載されています。

その中から**自分の使いたい表現をメモして、実際のレッスンの準備をしておきましょう**。

②新しい表現について先生に質問する

①で目星をつけたフレーズについて、オンライン英会話で先生に「もっといい言い方はありませんか」と質問し、**その会話の文脈にふさわしい表現や、新しい表現を教えてもらうのもいいでしょう**。

こちらがまどろっこしい表現を使っているときは、よりシンプルで的確な表現を教えてもらえることもあります。間違いを恐れずに、思い切って話すことが大切です。

③教えてもらった表現を積極的に使う

先生に教えてもらった表現なら、自信を持って使うことができるはずです。恥ずかしがらず、積極的に使ってみてください。

使った言葉は自分のものになり、もっと細かいニュアンスを伝えたくなるので、そこでまた新しい表現を知りたくなる……そのサイクルに入ると、使える言葉や表現が効率よく増えていきます。

④教えてもらったことを記録してストックする

先生とやり取りをして新しく覚えた表現や言い回しは、必ずその場でノートに書き留めるようにしましょう。

オンライン英会話にはチャット機能が用意されているので、それを活用するのもいいかもしれません。記録した内容はときどき復習し、できる限り使うようにしていくと「自分の言葉」として定着します。

⑤さまざまな場面を想定して話す練習をする

言葉は使わないと身につかないですし、時が経つにつれ忘れていくものです。

ネイティブを相手に話す場面がたくさんあれば一番いいのですが、なかなか難しいという人も多いはず。そんなときは、さまざまな会話の場面を想定し、実際に話す練習をすることをおすすめします。

たとえば、自己紹介。自己紹介は日本語でも決まった言い回しになりがちです。それをあえて、新しい仕事場で自己紹介をするとき、友だちの友だちと食事をするとき、彼氏・彼女の両親に会うとき、というように、話す相手の設定を変え、先生にその役になりきってもらって会話をするのです。

生きた英会話を学ぶための方法としてオンライン英会話は最適です。ぜひ、チャレンジしてみてください。

おすすめのオンライン英会話

・ＤＭＭ英会話
・レアジョブ英会話

試験のために勉強してきたことを英会話で生かすには

ＴＯＥＩＣ Ｌ&Ｒテストや英検のための勉強をしてきた方は、英会話を学ぶうえで大きなアドバンテージを得ています。

「試験のための勉強で培ったリスニング力や語彙力を、英会話でどう生かそう」などと考える必要はまったくありません。

すぐにオンライン英会話に入会しましょう。

個人的にはニュースを題材にした英会話教材である「ＤＡＩＬＹ ＮＥＷＳ」などが充実しているＤＭＭ英会話がおすすめです。もちろん他にもすばらしいオンライン英会話スクールはいくつかありますので、自分に合いそうなところを探してみるのもよいでしょう。

ＤＭＭ英会話に入会したら、日々のレッスンで「ＤＡＩＬＹ ＮＥＷＳ」を使ってレッスンを受けるようにします。

記事のレベルにはIntermediate、Advanced、Proficientなどがありますが、**慣れるまではIntermediateの記事の中から「自分が興味を持てそうなもの」を選ぶとよいでしょう**。

ＴＯＥＩＣ Ｌ＆Ｒテストや英検対策の勉強では出合うことのなかった単語にもたくさん直面します。ですが、ＴＯＥＩＣ Ｌ＆Ｒテストで７００点以上、英検準１級の実力があれば、IntermediateのほとんどのＩ記事の内容を理解できるはずです。

あとはあれこれ考えることなく、毎日欠かさずにオンライン英会話でのレッスンを受けてください。レッスンを何十回、何百回と受け続けてください。

レッスンを続けていくうちに自分に足りないもの、やるべきことが見えてきます。方法論ばかりを模索して、実践しない人があまりにも多いです。それではダメです。**実際に勉強をすることでしか、成長は望めません**。

ＴＯＥＩＣ Ｌ＆Ｒテストや英検対策の勉強で培ってきたことは、すべて英会話の勉強の糧となります。英語の資格試験のための勉強は、英会話だろうと英文メールであろうと、すべてに直結します、安心して勉強してください。

レッスン中になかなか言葉が出てこないのは当たり前です。英語を口から出す練習をしてこなかったなら、できないのは当たり前なのです。毎日25分、できれば2コマ50分のオンライン英会話、これを少なくともまずは半年続けてみてください。必ずあなたは英語を話せるようになります。

仮に間違った表現を使ったり、くだけた表現が混じったりしたとしても、それはむしろあなたの「味」になるはずです。

完璧な英語を使おうとして緊張して話せないより、リラックスして話す人のほうが絶対に魅力的ですし、そういう人ほど英語がどんどん上達していくものです。

会話中にわからない単語や聞き取れなかった慣用表現などがあれば常にメモを取るようにして、自分の中にそれらをストックし、英語で話す機会があればどんどん使っていくようにしてみてください。

初級者が手軽にできるスピーキング力アップトレーニング

ここからは、とくに初級者〜中級者が手軽にスピーキング力をアップできる方法をご紹介します。英会話をするための基礎力に自信がない人、何からはじめていいかわからない人におすすめです。

トレーニングには、以下に紹介する本もおすすめです。できれば書店で中身を確認し、気に入ったものを使うようにしてみてください。

①『英会話は筋トレ。中2レベルの100例文だけ！ 1か月で英語がスラスラしゃべれる。』（かんき出版）

②『ネイティブなら12歳までに覚える 80パターンで英語が止まらない！』（高橋書店）

③『基本の78パターンで 英会話フレーズ800』（西東社）

初級者向け　スピーキング力アップトレーニング

STEP 1

例文の音声を聞き、聞き終えたら音声をポーズの状態にします。例文とその意味は事前に確認して理解しておいてください。

音声-07

例 **Some people are greeting each other.**

訳 人々はお互いに挨拶をしているところです。

STEP 2

すぐに同じ英文を声に出して言います。その際、英文は見ないで聞いたままの音を繰り返します。できる限りお手本の音声の真似をして、英文を声に出してください。同じ例文を10回は繰り返しましょう。

音声

Some people are greeting each other.
Some people are greeting each other.
Some people are greeting each other.
⋮

GOAL「英語を話す基礎力をつける」

英語を話すことができるようになるために必要な基礎力がつきます。

PART

7

試験をベストな状態でむかえるために

試験当日の過ごし方

ここでは、TOEIC L&Rテストを例にして、試験当日をどう過ごすべきかをお伝えします。まず紹介するのが、僕が最高のコンディションと集中力で本番に臨むために、当日試験会場に毎回必ず持っていくものです。英検や、その他の英語資格試験を受験するときも役立ちますので、参考にしてください。

試験当日の持ち物

・受験票

体調確認欄がある場合、当日の朝チェックボックスに必ずチェックを入れること。

・証明写真1枚

受験票に事前に貼っておく。裏には氏名と受験番号も忘れずに記入すること。

・写真つきの本人確認書類

運転免許証や学生証、マイナンバーカードやパスポートなどの、いずれか1つを必ず持参すること。

・筆記用具

①消しゴム2個

1つは予備。試験中に落としてしまっても大丈夫なようにする。

②マークシート用のシャープペン2本

マークしやすいのは、芯の太さが0・9㎜～1・3㎜のもの。書き味を試すために、事前にマークシートを使った解答練習を必ずしておくこと。おすすめはコクヨやぺんてる、ステッドラーのシャープペン。

③普通のシャープペン2本

芯の太さが0・5㎜のもの。問題用紙やマークシートに氏名などを記入する際に使う。

・腕時計2個

1つは予備。不意の電池切れに備える。試験会場が中学校や高校のときは教室に時計がある場合が多いが、試験会場には時計はないものと考えること。残り時間がパッと見てわかりやすいアナログ表示の時計がよい。

・慣れ親しんでいる問題集や参考書1、2冊

・ポータブルオーディオプレーヤー

いつも使用しているリスニング用の機器を持参すること。

受付開始時間には受付にいるようにする

僕は、試験会場にやや早めに到着できるように家を出ることにしています。

TOEIC L&Rテストは、午前受験であれば試験会場の開場時刻は9時25分、試験開始時刻は10時20分です。受付開始時刻前には必ず試験会場に到着するようにしています。遅くとも開場時刻の数分前には到着できるよう、早め早めの行動を取るように心がけています。

なぜかというと、試験当日には「何が起こるかわからない」からです。悪天候による交通機関の遅れなどで、予定時刻までにたどり着けない可能性を十分に頭に入れての行動なのです。

時間にも心にも余裕を持たせる

「会場に早く着いていてよかった」と痛感した経験として、持参した腕時計が止まっていたときのことをお話しします。開場時刻に間に合うように自宅を出発し、朝食時に持ち物の確認をすると、前日は動いていたはずの腕時計が止まっていたのです。時計がないというのは、タイムマネジメントが必須のＴＯＥＩＣ Ｌ&Ｒテストでは致命的です。そのときは、時計を売っている店を探す時間的な余裕があったので、試験会場の近くの１００円ショップで、無事に腕時計を買うことができました。

僕の経験上、時計が設置されていない会場のほうが圧倒的に多いです。

たとえ早すぎるくらいの時間に会場に着いても、開場までにやれることはあります。最終調整として軽めの勉強をしたり、トイレの場所を確認したりして心を整えましょう。時間にも心にも余裕を持って行動してください。

会場では食事はできないと考えておく

僕はなるべく会場では食事をとらないようにしています。また、意図的に水分もあまりとりません。**試験会場には食事をする場所がない場合が多いですし、試験中のトイレはできる限り避けたいからです。**

ちなみに、試験が行われる部屋での食事はできませんが、水分補給であれば認められる場合もあります。また、試験会場が大学の場合には、廊下やラウンジなどで食事ができることもありますが、多くの場合、会場内では食事をとれる場所はまずないと考えておいてください。

もちろん「外で食事をして、ゴミも持ち帰ります」という人であれば、おにぎりやパンなどを持っていき、飲食の禁止されていない場所で食べるのはＯＫです。

試験直前のウォーミングアップ

本番直前におすすめの勉強は、**やり慣れている問題集や参考書を持参し、できる限りハイスピードでたくさんの問題を解くことです**。

リスニングセクションについては、音の再生速度を変えられる機能がついている音楽プレーヤーで、1・1〜1・25倍程度の、**標準よりもやや速いくらいのスピードで耳慣らしをしておきましょう**。あまり速すぎる設定にすると、細部まで英語を聞き取れません。再生速度はどんなに速くても1・5倍程度までにしておくことをおすすめします。あくまでも「一言一句、すべてを聞き取ろうとする」ことが大切です。

リーディングセクションについては、Part 5（短文穴埋め問題）の問題集などを持参し、**とにかくスピードに乗って解く練習をしておくと、速く解く感覚を残したまま本番をむかえることができます**。

11 音声チェックのときは遠慮せずに席を替えてもらう

試験開始前に行われる音声チェックで**「音が聞き取りづらいな」と思ったら、必ず手を挙げて席の移動をしてください**。音声を再生する機器がラジカセの場合、席が教室の後方になってしまうと、音声が聞き取りづらい場合が多いです。

試験監督が「音声に問題があれば挙手をしてお知らせください」と言うので、そのタイミングで挙手をして席を替えてもらいましょう。

ＴＯＥＩＣ Ｌ&Ｒ公開テストでは、だいたい1、2割の人が欠席するので、同じ教室内に空席がいくつかあるはずです。遠慮せず、できれば前方の、音声が聞き取りやすい席に移動させてもらいましょう。

引っ込み思案の人は、そのときに挙手できず、諦めてしまうかもしれません。でも、勇気を持って手を挙げてみてください。あらかじめ「もし聞こえにくかったら、席を変えてもらうぞ、手を挙げるぞ」と心に決めておくと、いざというときに口に出しやすくなります。

「言わないで後悔するよりも、言って後悔する」が吉です。席の場所によって、音声の聞こえ方はかなり変わってきます。「音が小さいから聞こえなくて解けませんでした」と、試験後に言い訳しても得られるものは何もありません。

できる限りベストな受験環境を「自分の意思」で整えていくことが大切です。

TOEIC受験者必見！知っておくべきテストのコツ

問題用紙のシールは、はがさず破って開ける

意外と多くの人が困っていることとして、「どうやって問題用紙を開ければいいのか」ということがあります。問題用紙は右側の青いシールでとじてあるのですが、指でつまんだり、引っかいたりしてはがそうとしないでください。そうしている間にPart 1の問題がはじまってしまいます。

シールの下部から指を入れ、指をカッターナイフに見立てて問題用紙に向かって右ななめ上に向かって「破るように」豪快に開けるのが正しい方法です。

すでにPart 1の1問目の音声が流れはじめているのに、まだシールがはがれずに出遅れてしまっている人たちをときどき見かけます。

最後まで完走するための時間配分

次に、リーディングセクションの時間配分についてお話しします。

リスニングセクションは、音声を聞き、それに対して受験者全員がほぼ同じペースで一つひとつの問題に解答していく方式です。自分で時間を管理することはできません。約45分間、受験者は完全に「受け身」の状態になります。

逆にリーディングセクションは、受験者が自分のペースで解答を進めていくことができます。

全100問を75分以内に確実に終わらせることができるよう、各パートに対する時間配分を事前に確認しておきましょう。

リーディングセクションの1問あたりの時間の目安

Part 5（短文穴埋め問題）は1問平均20秒となります。

Part 5は30問あるので、それらを600秒、つまり10分以内に解答し終えることを目標にしてください。

Part 6（長文穴埋め問題）は、100語前後の長文を読む必要があります。そのためPart 5よりも1問あたりに使える時間はやや長めになります。**Part 6（長文穴埋め問題）は1問平均30秒**で解答してください。

1問平均30秒、16問あるので合計480秒、つまり8分以内に解答し終えることを目標としてください。この計算でいくと、Part 5とPart 6に使える時間は合計18分になります。そうすると、残り時間が57分になります。この57分でPart 7の54問を解いていくことになります。

つまり、**Part 7（読解問題）は1問平均1分**使えることになります。3分あまりますが、それは予備の時間にしましょう。

このペースで解答を進められれば、リーディングセクションの問題のすべてを時間内に解き終えられます。しかし、多くの受験者は、そううまくはいかないようです。では、どうすればいいのでしょうか。

TOEICの目標スコアが900点未満の人の時間配分

目標スコアが900点未満の人は、Part 7の186〜200番、つまりトリプルパッセージに関しては「考えなくてもいい」と思います。Part 5とPart 6をしっかりと解答し、Part 7の147～185番、つまりシングルパッセージとダブルパッセージまでをできるだけ解答する。これで十分です。間に合わなかった問題は適当にマークしておくとよいでしょう。

Part 7は、トリプルパッセージ以外をしっかりと解ききることを目標にしてください。

TOEICの目標スコアが900点以上の人の時間配分

75分という試験時間内に完走することができ、なおかつ間違いの数を1割以下にすることができて、やっと900点を達成することが可能です。

つまり、900点以上をめざすには、リーディングセクションを「完走」することが前提です。ちなみに 900点以上のスコアを取る人は、全受験者の3パーセント前後しかいません。なかなかハードルは高いです。

900点以上をめざしている人でも、Part 5を10分以内に終えられないことは多々あると思います。

僕もちょっと気になる問題などに引っかかってしまうと、Part 5の30問を解き終えるのに10分以上かかってしまうこともしばしばあります。「この問題はもう少し考えてみたいな」などと思っていると、あっという間に時間は過ぎ去ります。

900点以上をめざすのであれば、**とにかく一度200番まですべてを解き終えてゴールテープを切りましょう**。

このレベルの人であれば、200番までの問題を解いた段階で不安な問題が10個も20個もあるということはないはずです。そのような問題が2個や3個程度であれば、残り時間を有効に活用してしっかりと再チェックしてください。

迷ったら「要検討」にして先に進む

たとえば「189番はおそらく(C)が正解だけど、その根拠が見つからないな」などと思ったら、(C)を塗らずに軽くマーク内に印をつけるだけに留めておき、200番の問題まで解答し終えてから再度その問題に戻るようにします。

一度最後の問題まで到達して解答した後で、再び「要検討」問題と向き合うと、最初の段階で凝り固まっていた見方がうまくほどけ、「なんだ、かんたんな問題だ。なんでこんな問題につまずいていたんだろう」と思えることも多々あるはずです。

もし見直す時間がないのであれば、最初に「これかな」と思った選択肢のマークをそのまま塗るようにしてください。

試験中の時間確認

ペース配分がうまくいっているかどうかを確認するために時計を見ることは大事ですが、試験中はそもそも時計を見る時間すらもったいない、というのが実際のところです。

時計を見るタイミングは各パートの問題を終えるごとぐらいの頻度で十分です。

たとえば、Part 5が終わったとき、Part 6が終わったとき、Part 7のシングルパッセージが終わったときなどに時計を見るようにします。

どうしても時間が気になってしまう場合でも、最低限、時計にチラッと目をやる程度にすることをおすすめします。

あまりチラチラ時計を見ていると、問題に対する集中がそがれてしまいますので注意が必要です。

おわりに　最高の出会いがありますように

人生は、大きく分けて2種類あります。

目標に向かって進んでいく「目標追求型」の人生と、人との出会いによって新たに人生が開けていく「展開型」の人生の2つです。


僕は、大西先生との出会いで、大きく人生が展開しました。

目標に向かって人生を歩んでいる人も、展開型の人生を歩んでいる人も、**自分が望むことに真摯に向き合い続けることで、必ず願いはかないます。**

挫折しそうになったとき、どうしていいか迷ったとき。

そんなときにタイミングよく自分を導いてくれる誰か、何かに出会えるという奇跡は存在します。

あなたが本書を手に取ってくださったことが、僕にとってもあなたにとっても最高の出会いになることを、心より願っています。

最後になりますが、僕は本書で「努力は必ず報われる」という信念を前提にいろいろなことを伝えさせていただきました。

人は、千差万別・十人十色です。まったく同じ才能を持っている人、まったく同じ環境で生活している人は、誰一人として存在しません。

語学の勉強においても、得手不得手は誰にでもありますし、同じ時間・同じ教材で勉強をしたとしても、全員同じ結果にはなりません。思うような結果が出ずに、勉強の継続を諦めてしまう人も少なくありません。

それでも、僕はあなたに「自分を信じて頑張ってほしい」と伝えたいのです。

自分の持っている可能性を否定しないこと、自分のことを信じてあげること。そうすることが、あなたの未来をよりよくするための糧となり、やがて「ここまで継続して頑張ってきて本当によかった」と思える日がやってきます。

結果の保証なんて誰にもできません。でも、結果が出ることを信じ、日々コツコツと小さく積み重ねていくことを、あなたにはぜひ、やり続けていってほしいのです。

本気でやろう、できるから。

一緒に頑張っていきましょう、必ず結果はついてくると信じて。応援しています。

濵崎潤之輔

【著者紹介】

濱﨑 潤之輔（はまさき・じゅんのすけ）

◉――大学・企業研修講師、書籍編集者。早稲田大学政治経済学部経済学科卒業。

◉――大学卒業後、大手証券会社での勤務を経て、神奈川県にある大手学習塾の専任講師となる。2004年に独立し、自身の塾で小学生や中学生を対象に受験対策の指導経験を積む。苦手意識のある生徒にいかに自信をつけさせるかを第一義に考えた指導を続け、数多くの第一志望合格者を輩出。

◉――これまでにTOEICテスト（現：TOEIC L&Rテスト）990点（満点）を80回以上取得。TOEICテストの受験をはじめてから１年は、「人気の問題集をひたすら買っては解く」勉強法で点数を伸ばしたが、あるとき壁にぶつかり、何度受験しても自己ベストが更新されないようになる。そこで、「問題の正解を求める」ことより、「英語の本質を理解できる」ように基礎から学び直したところ、念願の満点を取れるようになった。本書は、著者の「これから英語力を伸ばしたい人こそ基本に立ち返るべき」という考えのもと、着実に英語力を伸ばすための勉強法をまとめたものである。

◉――現在は、全国の大学で講師を務めるかたわら、ファーストリテイリングや楽天銀行、SCSK（住友商事グループ）、エーザイ、オタフクソースといった大手企業でもTOEIC L&Rテスト対策の研修を行う。

◉――著書に、『改訂版 中学校３年間の英語が１冊でしっかりわかる本』『改訂版 中学校３年間の英語が１冊でしっかりわかる問題集』『TOEIC® L&Rテスト ゼロからしっかりスコアアップできる本』（いずれもかんき出版）、『TOEIC® L&Rテスト990点攻略 改訂版』（旺文社）などがあり、監修した書籍も含めると累計80万部以上の実績を誇る。

Hummer流《りゅう》　英《えい》語《ご》勉《べん》強《きょう》法《ほう》

2023年５月８日　　第１刷発行

著　者――濱﨑　潤之輔

発行者――齊藤　龍男

発行所――株式会社かんき出版

東京都千代田区麴町4-1-4 西脇ビル　〒102-0083

電話　営業部：03(3262)8011㈹　編集部：03(3262)8012㈹

FAX　03(3234)4421　　振替　00100-2-62304

https://kanki-pub.co.jp/

印刷所――大日本印刷株式会社